Der 20. Juli 1944

und der Widerstand gegen den Nationalsozialismus

Wolfgang Benz

Titelbild: Verweigerung des Hitlergrußes, 1936 – Werftangestellte
in Hamburg erheben den rechten Arm zum Hitlergruß. Ein Arbeiter
in der rechten Bildhälfte hält seine Arme verschränkt
(Foto: SV-Bilderdienst)

Prof. Dr. Wolfgang Benz war von 1990 bis 2011 Leiter des Zentrums
für Antisemitismusforschung der Technischen Universität Berlin

Landeszentrale für politische Bildung Thüringen
Regierungsstraße 73, 99084 Erfurt
www.lzt-thueringen.de
2. durchgesehene Auflage
2014
Druck: Gutenberg Druckerei

ISBN: 978-3-943588-35-4

Inhaltsverzeichnis

Der 20. Juli 1944

Am frühen Morgen des 20. Juli 1944 flog Oberst Stauffenberg vom Militärflugplatz Rangsdorf südlich von Berlin nach Rastenburg in Ostpreußen, in dessen Nähe eines der Hauptquartiere Hitlers lag. Stauffenberg war zum Vortrag beim „Führer" bestellt. Er gehörte zu den Offizieren, die nach anfänglicher Zustimmung zu Kritikern des Nationalsozialismus geworden waren, deren Opposition zum Widerstand gewachsen war und die einen Ausweg aus den Verbrechen des NS-Regimes suchten. Dazu, das war ihre Überzeugung, musste zuerst der Diktator ausgeschaltet werden. Das Führerhauptquartier „Wolfsschanze", ein Komplex aus Bunkern und Baracken, einsam gelegen, gut getarnt und durch drei Sperrkreise hermetisch gesichert, war für gewöhnliche Sterbliche unerreichbar.

Claus Schenk Graf von Stauffenberg war 37 Jahre alt, galt als ausgezeichneter Offizier. Er war im April 1943 in Afrika schwer verwundet worden. Durch den Verlust eines Auges, der rechten Hand und zweier Finger der linken Hand war er erheblich behindert. Am 1. Juli 1944 war der Oberst zum Chef des Generalstabs beim Befehlshaber des Ersatzheeres, Generaloberst Fromm, ernannt worden. Das ermöglichte ihm, der seit Herbst 1943 zu den aktiven Gegnern des Nationalsozialismus im militärischen Widerstand gehörte, den Zugang zu Hitler anlässlich der Lagebesprechungen im Hauptquartier. Wenige Offiziere hatten diese Gelegenheit. Aus dem Kreis der Militäropposition war es nur Stauffenberg.

Erste Gelegenheiten zum Attentat, das seit langem geplant und mit einer Gruppe

Bildarchiv Preußischer Kulturbesitz

Oberst Claus Graf Schenk von Stauffenberg, 1934

von oppositionellen Offizieren verabredet war, nutzte Stauffenberg nicht. Denn als er am 6., 11. und 15. Juli Vortrag bei Hitler auf dem Obersalzberg bei Berchtesgaden hielt, waren die beiden mächtigsten und gefährlichsten Männer nach Hitler, Reichsmarschall Hermann Göring und der Reichsführer SS Heinrich Himmler, nicht anwesend. Sie sollten aber unbedingt gleichzeitig mit Hitler ausgeschaltet werden. Das Hauptquartier war inzwischen wieder nach Ostpreußen verlegt worden.

Am 20. Juli sollte die große Tat unbedingt geschehen, denn Zeit war nicht mehr zu verlieren. Die Zweifel, ob die Beseitigung Hitlers überhaupt noch einen Sinn habe angesichts des verlorenen Krieges, hatte Generalmajor Henning von Tresckow, einer der Verschwörer zerstreut. Das Attentat müsse jetzt auf alle Fälle erfolgen, beschwor er Stauffenberg, koste es was es wolle: „Denn es kommt nicht mehr auf einen praktischen Zweck an, sondern darauf, daß die deutsche Widerstandsbewegung vor der Welt und vor der Geschichte den entscheidenden Wurf gewagt hat."

Im Bewusstsein, möglicherweise eine nur noch symbolische Tat zu wagen, flog Stauffenberg in Begleitung seines Adjutanten, des Oberleutnants Werner von Haeften, am 20. Juli 1944 zur Wolfsschanze nach Ostpreußen. Himmler und Göring waren zwar wieder nicht anwesend, aber darauf wollten die Verschwörer keine Rücksicht mehr nehmen. Die Lagebesprechung war für 12.30 Uhr angesetzt. Stauffenberg schärfte in einem Aufenthaltsraum eine der beiden mitgebrachten Bomben (wegen seiner Behinderung konnte Stauffenberg keine Schusswaffe verwenden). Er brachte sie in die Lagebaracke und stellte dort die Aktentasche mit dem Sprengsatz in der Nähe Hitlers unter dem massiven eichenen Kartentisch ab. Er verließ unter einem Vorwand den Raum. Zehn Minuten später, gegen 12.42 Uhr, explodierte die Bombe. Stauffenberg und Haeften, die die Detonation beobachtet hatten und von Hitlers Tod überzeugt waren, konnten gerade noch das Sperrgebiet verlassen und das wartende Flugzeug erreichen, das gegen 13.15 Uhr Richtung Berlin startete.

Dort, im Oberkommando des Heeres in der Bendlerstraße, warteten die Verschwörer auf Nachrichten aus der Wolfsschanze, um den Plan „Operation Walküre" auszulösen, mit

Hitler und Stauffenberg im Hauptquartier „Wolfsschanze" bei Rastenburg/Ostpreußen am 15. Juli 1944

Werner Karl von Haeften, 1943/44

dem sie über die Wehrkreis-Befehlshaber die Kontrolle über Berlin und das ganze Reichsgebiet erlangen wollten.

Stauffenberg traf gegen 16.30 Uhr in der Bendlerstraße ein und versicherte, das Attentat sei geglückt, Hitler könne den Anschlag nicht überlebt haben. Generaloberst Fromm, der sich nur im sicheren Falle auf die Seite der Verschwörer gestellt hätte, war aber nicht davon zu überzeugen. Die Offiziere des Widerstands verhafteten ihn deshalb und erklärten, auf alle Rückfragen aus den Wehrkreiskommandos, Hitler sei tot und Generaloberst Beck, der 1938 als Chef des Generalstabs des Heeres zurückgetreten war und Generalfeldmarschall Erwin von Witzleben hätten die oberste Gewalt übernommen.

Aber aus dem Führerhauptquartier kamen andere Nachrichten, und als auch der Rundfunk berichtete, Hitler lebe, war die Sache des Widerstands verloren. Auch der Kommandeur des Berliner Wachbatallions, ein Major Remer, führte, nachdem Hitler selbst mit ihm telefoniert hatte, nur die Befehle aus Hitlers Hauptquartier aus und trug wesentlich zur Niederschlagung des Aufstandes bei. (Er wurde dafür zum General befördert und spielte später in der Bundesrepublik als unverbesserlicher Rechtsextremist bis zu seinem Tod in den 90er-Jahren eine unrühmliche Rolle). Am Abend herrschte Klarheit: Hitler hatte das Attentat mit leichten Verletzungen überlebt. Die Macht befand sich in den Händen des nationalsozialistischen Regimes. An den Männern des Widerstands und ihren Familien nahm es schreckliche Rache. Graf Stauffenberg und seine engsten Mitverschwörer starben kurz nach Mitternacht im Hof der Bendlerstraße unter den Kugeln eines Erschießungskommandos. Den meisten

Hitler zeigt Mussolini den Ort des Attentats, 20. Juli 1944

Oppositionellen wurde in den folgenden Wochen vor dem berüchtigten Volksgerichtshof der Prozess gemacht, andere verschwanden ohne Gerichtsurteil in den Konzentrationslagern. Hitler herrschte noch weitere neun Monate und neun Tage über Deutschland. Aber sein Herrschaftsgebiet wurde immer kleiner. Militärisch lag das Deutsche Reich in Agonie. Moralisch war es längst am Ende. Nur eine kleine Minderheit hatte – spät genug – versucht, den Diktator zu beseitigen, Widerstand zu leisten in der Erinnerung an Freiheit und Rechtsordnung, Menschenwürde und mit der Vision eines anderen Deutschlands als dem, welches die Nationalsozialisten mit beispiellosen Verbrechen besudelt hatten. So war Stauffenbergs Tat doch eine notwendige symbolische Geste gewesen, die als Erinnerung Legitimation stiftete für den Neubeginn nach der Befreiung Deutschlands von außen.

Die Wahrnehmung des Widerstands gegen den Nationalsozialismus in den beiden deutschen Nachkriegsstaaten

Widerstand gegen die nationalsozialistische Herrschaft leisteten Deutsche aus politischer oder religiöser Überzeugung, aus Einsicht in die Verderben bringende Natur des Regimes, aus Entsetzen und Scham über die Verbrechen, die von Staats wegen begangen wurden, aus Anstand und Mitleid mit den Opfern und aus anderen Motiven. Die Erinnerung an den Widerstand bekam früh einen festen Platz in der politischen Kultur der Bundesrepublik Deutschland wie in der DDR. Freilich hatten die Bürger der beiden deutschen Staaten, die auf den Trümmern des Deutschen Reiches und belastet vom nationalsozialistischen Erbe gegründet waren, ganz unterschiedliche Bilder vom Widerstand.

Im Westen wurde das Andenken an die Opposition, die konservative Angehörige der militärischen, bürokratischen und politischen Eliten gegen das NS-Regime geleistet hatten, frühzeitig als identitätsstiftend für die Nachkriegsgesellschaft erkannt. Zunächst und bis in die 70er-Jahre ausschließlich wurde vor allem die Erinnerung an den Widerstand der Männer des 20. Juli, des Kreisauer Kreises, der Goerdeler-Gruppe, aber auch der Studenten der Gruppe „Die Weiße Rose" und der Militäropposition oder der Diplomaten zum Bestandteil der politischen Kultur der Bundesrepublik. Folgerichtig wurde vor allem dieser Widerstand, der im Attentat des Grafen Stauffenberg auf Hitler am 20. Juli 1944 seinen Höhepunkt hatte, auf Gedenkfeiern beschworen, in der politischen Bildung präsent gehalten, in Schulen thematisiert. Der Widerstand der Kommunisten und linksintellektueller Antifaschisten, die stille Opposition der kleinen Leute sozialdemokratischer oder katholischer Überzeugung, die Verweigerung der Zeugen Jehovas gegenüber dem Regime wurde dagegen mindestens in den ersten beiden Jahrzehnten der Bundesrepublik gering geschätzt, ja weithin negiert. Ebenso lange brauchten Historiker bis zur ersten Publikation über Georg Elser, den schwäbischen Schreinergesellen, der am 8. November 1939 mit einem perfekt geplanten Sprengstoffanschlag Hitler, Göring und Goebbels hatte beseitigen wollen. Das Attentat im Münchner Bürgerbräukeller, das wegen eines trivialen Zufalls (Hitler verließ den Saal unerwartet früh) scheiterte, blieb wegen der Alleintäterschaft Elsers – weil ein Mann aus dem Volke aus individuellen ethischen Erwägungen den Diktator und seine gefährlichsten Helfer töten wollte, um Krieg und nationalistische Expansion zu verhindern – im Odium des Dubiosen. Es sei eine Inszenierung der Nationalsozialisten, ein Propagandatrick gewesen, mutmaßten viele. Das blieb auch in der Nachhitlerzeit die bequemere Version, weil sie das Nachdenken über den späten Start der Opposition der konservativen Eliten ersparte. Warum brauchten die Beamten und Diplomaten, die Gelehrten und Bildungsbürger so viel länger, um den Unrechtscharakter des Regimes im Inneren und seine Aggressivität nach außen zu erkennen als der Einzelgänger Elser, warum wurde der Widerstand von Kommunisten und Sozialisten, der

Der zerstörte Bürgerbräukeller in München nach dem Attentat auf Adolf Hitler am 8. November 1939

schon vor der „Machtergreifung" einsetzte, von der bürgerlichen Gesellschaft ignoriert? Gewiss nicht wegen des sinnlosen Aktionismus, den die KPD-Führung ohne Rücksicht auf Menschenleben praktizierte, eher wegen der ideologischen Gegenposition, die auch nachträglich keine Gemeinsamkeit im Kampf gegen die NS-Diktatur anerkennen wollte. Beim Streit um das Geschichtsbild dauerte der Kalte Krieg länger als in der Realität der beiden deutschen Nachkriegsstaaten.

In der DDR stand der Umgang mit der nationalsozialistischen Vergangenheit im Zeichen der Heroisierung des kommunistischen Widerstandes, der in den Nationalen Mahn- und Gedenkstätten, in Traditionskabinetten und Museen, durch Denkmäler und durch Widmungen von Straßen und Plätzen ihren Ausdruck fand. Der ritualisierte Antifaschismus-Begriff fügte die KPD und einzelne kommunistische Widerstandsgruppen in ein Gesamtbild, in dem es nur eine einzige Gegenkraft zum Nationalsozialismus gegeben hatte, nämlich die in die SED einmündende kommunistisch dominierte Arbeiterbewegung. Der zum antifaschistischen Mythos stilisierte Widerstand wurde sowohl für das eigene Geschichtsbild wie zur Abgrenzung gegen die Bundesrepublik instrumentalisiert.

Folge deutscher Teilung waren auch die einander entgegengesetzten Geschichtsbilder. In der DDR wurden kommunistische Widerstandskämpfer geehrt, von denen der Bundesbürger im Westen nie gehört hatte. Dagegen war im Osten vom Kreisauer Kreis und vom Goerdeler-Kreis, die in der Bundesrepublik als Inkarnation des Widerstands schlechthin gefeiert wurden, nicht die Rede. Gedachte man im Westen der Münchener Studenten der „Weißen Rose", die 1942 unter dem Fallbeil starben, weil sie in Flugblättern Auflehnung gegen das NS-Regime gefordert hatten, so war in Ostdeutschland die Herbert-Baum-Gruppe der Inbegriff jugendlicher Opposition (wobei wiederum die Tatsache, dass eine ganze Reihe dieser jungen Berliner Arbeiter Juden waren, weniger Erwähnung als ihre kommunistische Gesinnung fand). In einer Geschichtskultur, die an historischer Gerechtigkeit orientiert ist und objektiven Kriterien folgt, muss natürlich Raum sein für alle Strömungen des Widerstands gegen den Nationalsozialismus, für die aus bürgerlich-konservativer

Wurzel wie dem 20. Juli ebenso wie für den „Internationalen Sozialistischen Kampfbund" und die anderen aus der Tradition der Arbeiterbewegung schöpfenden Widerstandsgruppen einschließlich der Kommunisten.

Der Streit um das Geschichtsbild drängte das eigentliche Problem in den Hintergrund: Warum leisteten so wenige Widerstand, warum regte sich die Opposition gegen das Hitlerregime so spät und warum war sie so wenig erfolgreich? Für viele Deutsche ergab sich aus der Überlagerung von NS-Diktatur und Krieg am Ende ein Zwiespalt, dem sie auch nach dem Zusammenbruch der NS-Herrschaft nicht entrinnen konnten. Sie steckten im Dilemma, einerseits Kritik am Nationalsozialismus und Ablehnung des Regimes und seiner Methoden zu empfinden, aber andererseits waren sie von Pflichtbewusstsein und dem Gefühl durchdrungen, vor allem anderen den äußeren Feinden und Gefahren standhalten zu müssen. Den Soldaten und Beamten und den meisten anderen „Volksgenossen" war es am Ende des „Dritten Reichs" wohl klar, dass es ein Unrechtsstaat war, dem sie dienten. Sie wussten, dass Hitler den Zweiten Weltkrieg ausgelöst hatte, dass grauenhafte Verbrechen begangen waren, aber sie sahen es trotzdem als ihre erste Pflicht, das Vaterland gegen die feindlichen Armeen zu verteidigen. Sie meinten, sich erst nach außen wehren zu müssen, ehe sie im Inneren Änderung schaffen durften.

Bei vielen hinderte aber auch die Begeisterung der ersten Jahre unter NS-Herrschaft die Einsicht, dass Notwehr im Inneren das erste Gebot gewesen wäre. Die zaghaften Versuche dazu blieben erfolglos, weil diese Einsicht der Mehrheit zu lange Zeit fehlte. Deshalb nutzten auch die Appelle des Dichters Thomas Mann nichts, der seit 1941 die Deutschen in regelmäßigen Rundfunksendungen über BBC London beschwor, der Welt das Zeichen zu geben, das sie vor dem Makel des Versagens bewahren sollte.

Wenn die Mehrheit aus der Haltung begeisterter Zustimmung allmählich in einen Zustand von Resignation verfiel, aber trotzdem dem Regime in unreflektierter Ergebenheit treu blieb, so hat sich doch eine nicht unbeträchtliche Minderheit dem Regime dauerhaft verweigert und andere haben aus der Opposition zum bewussten Widerstand gefunden, zu einem Widerstand mit dem politischen Ziel der Beseitigung der nationalsozialistischen Diktatur. Im äußeren Sinne blieb dieser Widerstand erfolglos, die NS-Herrschaft brach erst mit der militärischen Niederlage zusammen. Für den Neubeginn nach dem Zusammenbruch für eine auf Humanität, Recht und Demokratie gegründete Staats- und Gesellschaftsordnung nach Hitler gehörte der Widerstand als Beispiel politischer Moral, unter welcher ideologischen Prämisse oder sozialen Voraussetzung er auch geleistet wurde, zu den wichtigen sinnstiftenden Erinnerungen der deutschen Geschichte.

Verweigerung, Opposition, Widerstand: Formen regimekritischen Verhaltens im Dritten Reich

Opposition gegen den nationalsozialistischen Unrechtsstaat gab es in vielen Formen: Sie reichten von der individuellen alltäglichen Verweigerung gegenüber dem Verfügungsanspruch des totalen Staates über den Selbstbehauptungswillen von Gruppen bis zum politischen Widerstand, der den Sturz des Regimes und die Beseitigung der NS-Ideologie zum Ziel hatte. Die Motive des Widerstandes waren so vielfältig wie die Personen und Gruppen, die ihn leisteten. Auch in ihren Zielen und Plänen für eine Neuordnung des politischen Lebens nach Hitler stimmten die Gruppierungen des Widerstandes nicht überein. Viele waren sicher keine Anhänger einer parlamentarischen Demokratie nach heutigem Verständnis. Ihre Vorstellungen reichten von einem monarchischen über einen ständischen Staat und verschiedenen demokratischen Staatsformen bis hin zu einer kommunistischen Gesellschaft. Schon wegen ihrer unterschiedlichen Weltanschauungen, politischen und sozialen Bindungen konnten die Regimekritiker keine geschlossene Front gegen den Nationalsozialismus bilden. Zudem entwickelte sich Widerstand zu verschiedenen Zeiten. Der frühe Widerstand der Arbeiterbewegung war schon zerrieben, als die bürgerlichen Eliten in Opposition zum Regime traten. Es brauchte noch einmal Zeit, bis Militärs, Beamte, Diplomaten sich entschlossen, den Sturz des Diktators und eine neue Staatsordnung zu planen.

Das lange Zögern haben Nachgeborene den Widerstandskämpfern zum Vorwurf gemacht. Zu bedenken bleibt aber, dass alle Arten von Opposition, von der stillen Verweigerung bis zum militanten Widerstand, vom nationalsozialistischen Regime als Verrat diffamiert, als Pflichtverletzung oder Treuebruch gebrandmarkt und geahndet worden sind. Den Gehorsam zu verweigern gehörte nicht zur Tradition und Erziehung der meisten Deutschen. Der NS-Staat verfügte gegen die, die sich auflehnten, über Zwangsmittel, Terrorgesetze und Strafen, die er bedenkenlos einsetzte.

Die Wirklichkeit des NS-Staates war sehr viel komplizierter als das Bild „alle Deutschen waren Nazis" und sein Gegenteil, die Selbstrechtfertigung, nach der die Deutschen die ersten Opfer der Nationalsozialisten gewesen sein wollten. Die historische Realität war zum erheblichen Teil durch den Terror der NS-Diktatur bestimmt. Widerstand dagegen bedeutete Gefährdung, nicht nur der eigenen Person, sondern auch der Familie, möglicherweise auch von Verwandten und Freunden.

Daraus ergab sich ein eigener Zwiespalt: Es gibt keine Pflicht zum Heldentum, aber wie viel Unrecht, Verfolgung und Zwang, wie viel Verletzung der Menschenrechte kann und darf der Einzelne hinnehmen? Hilfe für Verfolgte war nach den Gesetzen des NS-Staats strafbar. Das Minimum an Menschlichkeit, das ungefährdet geleistet werden konnte, war auch ein Zeichen von Opposition gegen den umfassenden Verfügungsanspruch des NS-Staats.

Die Bezeichnung Widerstand fasst als Oberbegriff verschiedenartige Einstellungen, Haltungen und Handlungen zusammen, die gegen den Nationalsozialismus als Ideologie und praktizierte Herrschaft gerichtet waren. Im weitesten Sinne sind darunter die ins Exil geflohenen Antifaschisten ebenso zu verstehen, die wenig oder keine Möglichkeit hatten, etwas ähnlich Entscheidendes gegen die Regierung Hitlers zu unternehmen, wie die Männer, die hinter dem Attentat des 20. Juli 1944 standen. Zum Widerstand rechnet man damit auch diejenigen, die sich weder durch Lockung noch durch Zwang vom Nationalsozialismus vereinnahmen ließen; die ihre geistige Unabhängigkeit, ihre demokratische oder rechtsstaatliche Überzeugung, die Werte und Normen ihres Milieus – etwa im Rahmen der Arbeiterbewegung oder innerhalb kirchlicher und sonstiger religiöser und weltanschaulicher Bindungen – bewahrten und verteidigten.

Im engeren Sinne ist aber zwischen den kritischen bis abweisenden Haltungen der Verweigerung und Selbstbehauptung einerseits und den bewussten Anstrengungen zur Änderung der Verhältnisse andererseits zu unterscheiden. Opposition gegen das Unrechtsregime war noch nicht gleichbedeutend mit persönlichem Einsatz und den damit verbundenen Gefährdungen. Diesen setzte sich jeder aus, der mit Flugblättern, Wandparolen, als Kurier zu Regimegegnern im Ausland aktiv war oder einem Verschwörerkreis angehörte, in dem der Sturz der Diktatur und eine neue Staats- und Gesellschaftsordnung geplant wurden.

Verweigerung (als individuelle Abwehr des nationalsozialistischen Herrschaftsanspruchs und als Selbstbehauptung von Gruppen), Opposition (als Haltung grundsätzlicher Gegnerschaft) und Widerstand als bewusstes Handeln waren Formen kritischer und gegnerischer Einstellung zum NS-Regime. Sie bauten aufeinander auf und steigerten sich von der passiven Abwehr zum aktiv verwirklichten Wunsch nach Veränderung des Regimes.

Auch die Historiker haben Probleme mit der Definition von Widerstand gegen den Nationalsozialismus. In der alten Bundesrepublik herrschte lange Zeit die Vorstellung, es sei ein „Widerstand ohne Volk" gewesen, den nur wenige Angehörige traditioneller Eliten geleistet hätten, während „das Volk" in Begeisterung zum Regime verharrte. In der DDR wurden hingegen die Aktionen der Kommunisten als alleingültiger Antifaschismus glorifiziert. Um die Verweigerung, die sich im Kampf um Kruzifixe in den Schulen, in der Vermeidung des „Heil-Hitler-Grußes" oder durch das Hören ausländischer Rundfunksender ausdrückte, um schließlich alle Haltungen von Opposition in den Widerstand einzubeziehen, wurde der Begriff „Resistenz" vorgeschlagen. Ihm waren folgende Merkmale zugeordnet: „Wirksame Abwehr, Begrenzung, Eindämmung der NS-Herrschaft oder ihres Anspruchs, gleichgültig von welchen Motiven, Gründen und Kräften her" (Martin Broszat). Diese Begriffsbestimmung aus den frühen 80er-Jahren hat sich nicht durchgesetzt. Der schwerstwiegende Einwand dagegen lautet, dass fast jedes nicht regime-konforme Alltagsverhalten, ohne Rücksicht auf die Motive, unter diesen „erweiterten Widerstandsbegriff" falle, dass somit jeder, der dem NS-Regime nicht ständig Beifall spendete, schon Widerstand geleistet hätte (Andreas Hillgruber). Für die Haltung der katholischen Kirche gegenüber dem NS-Staat reichen die Vorschläge zu einem Widerstandsbegriff von der These, die Verteidigung ihrer Existenz und ihrer Lehre sei bereits erfolgreicher Widerstand gewe-

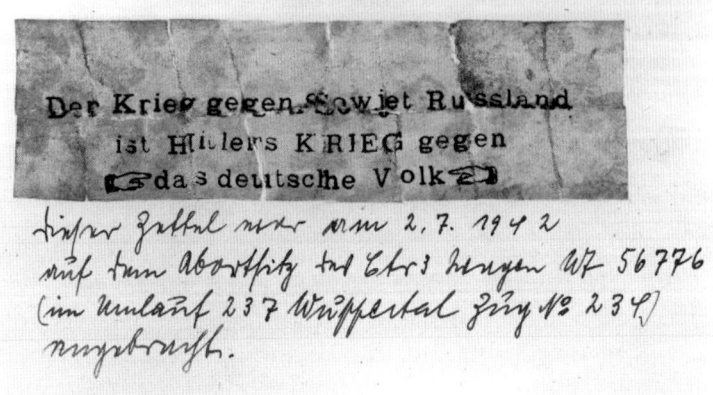

Antikriegs-Propaganda auf einem Zettel, der in Wuppertal in einer Zugtoilette gefunden wurde, 1942

sen (Heinz Hürten), bis zur zurückhaltenden Einschätzung der „Formen loyaler Widerwilligkeit" (Georg Denzler).

Um der damaligen Wirklichkeit zu entsprechen und um den verschiedenen Formen von Opposition gerecht zu werden, ist Widerstand im eigentlichen Sinn nicht nur als Haltung zu definieren, sondern als Handeln, das auf grundsätzlicher Ablehnung des Nationalsozialismus beruhte, das aus ethischen, politischen, religiösen, sozialen oder individuellen Motiven darauf zielte, zum Ende des Regimes beizutragen. Voraussetzung und Anlass war eine Haltung von Dissens zum NS-Regime (Ian Kershaw) oder von „weltanschaulicher Dissidenz" (Richard Löwenthal). Widerstand wurde daraus, wenn diese Haltung sich zur Absicht verdichtete, eine Änderung der Verhältnisse herbeizuführen. Widerstand im eigentlichen Sinne war dann jeder „bewusste Versuch, dem NS-Regime entgegenzutreten" (Christoph Kleßmann) und die damit verbundenen Gefahren auf sich zu nehmen.

Widerstand der Arbeiterbewegung

Die Kommunistische Partei

Als einzige Partei bereitete sich die KPD frühzeitig auf die Fortsetzung ihres Kampfes gegen die NSDAP für den Fall der Machtübernahme durch Hitler vor. Die KPD gedachte, den Widerstand gegen Hitler aus dem Untergrund zu führen, und rüstete sich für ein Leben in der Illegalität. Verstecke für Mitgliederkarteien, Waffen, Vervielfältigungsgeräte und Papier zum Druck von Flugblättern wurden organisiert, die zentralisierte Parteibürokratie richtete sich auf das Fortbestehen als Geheimorganisation ein. Von den kleinsten Einheiten, den Straßen-, Stadtteil-, Betriebszellen, über Orts- und Bezirksleitungen bis zum Zentral-Komitee sollte die Parteiorganisation im Untergrund arbeiten. Die deutschen Kommunisten glaubten, gelenkt von der Kommunistischen Internationale (Komintern) in Moskau, darauf eingerichtet zu sein, mit Propagandamitteln im Alleingang den Nationalsozialismus zu überwinden. Zu den falschen Voraussetzungen für den Kampf gehörte die fortdauernde Frontstellung gegen die Sozialdemokraten, die von der KPD als „Sozialfaschisten" diffamiert und wie die NSDAP als Feinde gesehen wurden. Falsch war auch die Annahme, die Hitler-Regierung werde bald abgewirtschaftet haben. Unter politischem Widerstand verstanden die Kommunisten in den beiden Anfangsjahren des NS-Regimes auch und vor allem die Demonstration ihrer Fortexistenz.

Die Kommunisten waren dem Terror, der unmittelbar nach Hitlers Regierungsübernahme hereinbrach, nicht gewachsen. Die Vorstellung, aus dem Untergrund heraus nicht nur den Nationalsozialismus zu besiegen, sondern auch eine durch ihn herbeigeführte revolutionäre Situation zu eigenen Gunsten ausnützen zu können, erwies sich sehr rasch als Illusion. Die Nationalsozialisten nutzten den Reichstagsbrand in der Nacht des 27. Februar 1933 zum Verbot der KPD und zur gnadenlosen Jagd auf kommunistische Funktionäre. Für die NS-Propaganda stand fest, dass „die Kommunisten" das Reichstagsgebäude angezündet hatten. Für die daraus abgeleiteten Verfolgungen fanden die Nationalsozialisten Beifall auch außerhalb der eigenen Reihen. Bereits in den ersten Märzwochen wurden 11000 Kommunisten verhaftet. Im Juni 1933 waren mehr als die Hälfte (17 von 28) Bezirksleitern der KPD nicht mehr in Freiheit, ebenso mehr als ein Drittel der Abgeordneten des Reichstags und des Preußischen Landtags.

Die Parteiführung wurde geteilt: im Juni 1933 verlegte die Partei einen Teil des Politbüros ins Ausland; als „Auslandsleitung" etablierten sich Wilhelm Pieck (1949–1960 Präsident der DDR), Franz Dahlem und Wilhelm Florin in Paris. Walter Ulbricht (1953–1971 Parteichef der SED in der DDR) und drei andere Mitglieder blieben als „Inlandsleitung" in Berlin. In grenznahen Orten des Auslands (Tschechoslowakei, Niederlande, Dänemark) und im Saargebiet (das noch bis 1935 unter Völkerbundsverwaltung stand) errichtete die KPD „Grenzstützpunkte". Von hier aus wurden Propagandaschriften nach Deutschland geschleust. Diese Stützpunkte dienten auch als Anlaufstationen für flüchtende Funktionäre und als Verbindungsgelenke zwischen den Aktivisten im Untergrund und der Emigration.

Der Kampf gegen die Nationalsozialisten wurde mit Flugblättern und Kleinzeitungen, Streuzetteln und Broschüren geführt. Sie wurden zunächst heimlich hergestellt in Deutschland, in zunehmendem Maße im Ausland gedruckt und unter großen Gefahren eingeschmuggelt und verteilt. Die Kommunisten erhofften davon zweifache Wirkungen: einmal die Stärkung des Selbstbewusstseins in den eigenen Reihen; zum anderen sollten Schriften, z.B. über das KZ Dachau, den Deutschen die Augen öffnen und sie für den kommunistischen Widerstand gewinnen.

Gelegentlich machte die KPD durch spektakuläre Aktionen darauf aufmerksam, dass sie noch existierte: etwa durch rote Fahnen, die an Fabrikschornsteinen gehisst wurden, durch Sprechchöre auf Berliner Hinterhöfen und anderes mehr. So riskant und verlustreich diese Aktionen waren, so gering blieb doch ihre Wirkung. Während sich das NS-Regime festigte, lichteten sich die Reihen der Kommunisten immer schneller, ohne dass ihre massenhaft verbreiteten Druckschriften dem Nationalsozialismus geschadet oder den Kommunisten Verbündete aus anderen Oppositionskreisen eingebracht hätten. Die Zuchthäuser und Konzentrationslager füllten sich, die Führungspositionen der illegalen KPD mussten immer rascher neu besetzt werden.

Im August 1935 wurde im Anschluss an den Kongress der Kommunistischen Internationale in Moskau eine Änderung der Taktik beschlossen. Die „Brüsseler Konferenz" (so lautete die Tarnbezeichnung für das Treffen deutscher Kommunisten in Moskau) stellte die Weichen neu: An die Stelle der Materialschlacht durch Druckschriften sollte Überzeugungsarbeit in den Betrieben treten, um unzufriedene Arbeiter über Kritik an der Sozialpolitik des NS-Staates als Verbündete zu gewinnen.

Von einem durch die KPD straff organisierten Widerstandskampf auf breiter Front gegen den Nationalsozialismus, wie er in der Staatslegende der DDR propagiert wurde, konnte in Wirklichkeit auch nach 1935 keine Rede sein. Die Propaganda-Aktivitäten hatten sich weitgehend in die Emigration verlagert. Die noch in Deutschland operierenden kommunistischen Widerstandskämpfer arbeiteten seit dem Ausbruch des Zweiten Weltkrieges eigenständig. Ein Teil der aus KZ und Haftanstalten zurückgekehrten Funktionäre nahm den Kampf wieder auf, bildete neue Organisationen auf regionaler Ebene und versuchte auch die Vernetzung einzelner Gruppen. In Leipzig existierte um den Werkzeugschlosser Georg Schumann, der ehemals Reichstagsabgeordneter der KPD gewesen war, eine kommunistische Widerstandsorganisation. In Hamburg gab es die Bästlein-Gruppe. Sie existierte mit etwa 200 Mitgliedern (überwiegend KPD-Funktionäre, einige Sozialdemokraten und andere) von 1940 bis 1942. Leiter war der ehemalige Abgeordnete Bernhard Bästlein. Kontakte gab es auch zu anderen Gruppen, wie dem Kreis um Robert Uhrig und Beppo Römer, der in besonderer Weise charakteristisch dafür war, dass ab Kriegsbeginn der kommunistische Widerstand nicht mehr den Vorgaben der Parteileitung im Ausland und den Direktiven der Komintern in Moskau folgte. Robert Uhrig war Werkzeugmacher, hatte als Kommunist eine Zuchthausstrafe verbüßt und anschließend eine weitverzweigte Organisation in Berlin aufgebaut, mit Verbindungen nach Hamburg, Mannheim, Leipzig, München und anderen Orten. Ab 1940/41 arbeitete Uhrig mit Beppo Römer zusammen, der seinen Weg von der äußersten Rechten zum Widerstand der Arbeiterbewegung gefunden hatte. In Berlin agierten der frühere Abgeordnete Franz Jacob und der Maschinenbauer Anton Saefkow. Die Saefkow-Jacob-Gruppe baute ein Netz illegaler Zellen in Berliner Fabriken auf. Im Juli 1944 zerschlug die Gestapo auch die Saefkow-Jacob-Gruppe, eine der größeren Widerstandsorganisationen. Den 1933 propagierten und nach 1945 in der ehemaligen

Bildarchiv Preußischer Kulturbesitz

Franz Jacob, Mitglied der Kommunistischen Widerstandszellen

DDR ständig gefeierten Massenwiderstand der Kommunisten hat es nur zu Beginn der NS-Herrschaft gegeben. Das ändert nichts daran, dass die Kommunistische Partei die größte Zahl von Toten im Widerstand gegen die Hitlerdiktatur zu beklagen hatte.

Die Sozialdemokratische Partei

Die SPD war bis 1932 die stärkste, dann nach den sensationellen Erfolgen der NSDAP die zweitstärkste und vor allem die am besten organisierte Partei in Deutschland. Auch angesichts der Exzesse nach Hitlers Machtübernahme war sie entschlossen, den Weg der Legalität keinen Finger breit zu verlassen. Der Parteivorstand ließ sich in dieser Haltung auch nach dem Reichstagsbrand und seinen Folgen nicht beirren. Die Parteibasis hatte allerdings dafür nicht immer Verständnis. Die SPD verstand sich zur Zeit der Machtübernahme Hitlers als Opposition, die mit aller Schärfe, aber nur mit legalen Mitteln, gegen die Hitlerregierung und die NSDAP kämpfen wollte. Die Sozialdemokraten verweigerten die Zustimmung zum Ermächtigungsgesetz und traten damit in offene Opposition zu Hitler. Am 10. Mai 1933 wurde das Parteivermögen der SPD beschlagnahmt, soweit es nicht ins Ausland gerettet worden war. Am 22. Juni erging das Verbot jeglicher politischer Tätigkeit, gleichzeitig erloschen alle Mandate der SPD im Reichstag und in den Länderparlamenten. Viele sozialdemokratischen Funktionäre wurden verhaftet und in Konzentrationslager verschleppt.

Der SPD-Vorstand hatte zuletzt auf eine Doppelstrategie gesetzt. Die Partei sollte politisch aktiv und präsent bleiben; gleichzeitig wurde ab Frühjahr 1933 in Prag eine Auslandszentrale aufgebaut, von der aus die illegale Weiterarbeit im Deutschen Reich geleitet werden sollte. Grenzsekretariate wurden rings um Deutschland eingerichtet. Kuriere brachten dorthin Nachrichten und Berichte aus Deutschland über die soziale Lage der Arbeiterschaft sowie über die Einstellung der Bevölkerung zum Regime. Sie transportierten von diesen Stellen aus Flugschriften und anderes Propagandamaterial ins Reich.

Die SPD-Führer im Prager Exil arbeiteten seit Herbst 1933 an einer Programmschrift, um ihrer Opposition gegen die nationalsozialistischen Machthaber ein Ziel zu geben und die theoretische Position der SPD zu klären. Ende Januar 1934 wurde das „Prager Manifest" veröffentlicht. Darin hieß es, die Wiedereroberung demokratischer Rechte sei eine „Notwendigkeit, um die Arbeiterbewegung als Massenbewegung wieder möglich zu machen". Der „Kampf um die Demokratie" erweitere sich zum „Kampf um die völlige Niederringung der nationalsozialistischen Staatsmacht".

Vor dem Einmarsch deutscher Truppen, mit dem im Frühjahr 1939 die Zerschlagung der Tschechoslowakei besiegelt wurde, floh der sozialdemokratische Parteivorstand nach Paris. Ein Jahr später, kurz vor der Besetzung der französischen Hauptstadt durch deutsche Truppen am 14. Juni 1940, retteten sich die SPD-Führer des Exils zum Teil nach London. Einige fielen den Nationalsozialisten in die Hände wie Rudolf Breitscheid, der im KZ Buchenwald im August 1944 ermordet wurde oder Rudolf Hilferding, der schon Anfang 1941 in einem Pariser Gefängnis ums Leben kam. Breitscheid und Hilferding, die als prominente Sozialdemokraten in Paris im

Vorstand der Sozialdemokratischen Partei Deutschlands im Exil, v. l. n. r.: Ollenhauer, Hans Vogel, Stampfer, Wels, Albert Grzesinski, Siegmund Crummenerl

Exil lebten, waren von der französischen Polizei Ende 1940/ Anfang 1941 der Gestapo ausgeliefert worden. Der SPD-Vorstand blieb im Londoner Exil, viel bewirken konnte er von dort aus nicht mehr.

Ein großer Teil der Mitglieder der sozialdemokratischen Arbeiterbewegung hatte sich, scheinbar resigniert, nach dem Verbot der Partei ins Private zurückgezogen, pflegte aber im Umfeld von Arbeitersiedlungen und Vorstädten das sozialdemokratische Milieu, das in Formen von Nachbarschaft, Geselligkeit, Kameradschaft und gegenseitiger Hilfe eine Zone bildete, in der nationalsozialistische Ideologie ohne Einfluss und NS-Propaganda ohne Wirkung blieben. Ihre Grundhaltung war stille Verweigerung und Resistenz. Das äußerte sich im Abhören verbotener Auslandssender, im Austausch von regimekritischen Ansichten im kleinen Kreis, in Läden und Gaststätten, die von Sozialdemokraten betrieben wurden und als Nachrichtenbörsen und Orte des Trostes unter Gleichgesinnten dienten.

Kirchen — Widerstand aus christlicher Haltung

Die Kirchen standen dem Nationalsozialismus anfänglich nicht in grundsätzlicher Ablehnung gegenüber. Protestantischer Tradition entsprach die Vorstellung einer starken Obrigkeit mit enger Verbindung von Thron und Altar, wie sie das Kaiserreich 1871 bis 1918 darstellte. Hitler suchte, solange er noch Mehrheiten brauchte, ein gutes Verhältnis zum politischen Katholizismus. Überredet durch Hitlers kirchenfreundliche Zusicherungen, in Panik wegen des Radikalismus der NSDAP und beschwichtigt durch die Aussicht auf das Konkordat (ein Abkommen zwischen der Reichsregierung Hitler und dem Vatikan, das die Rechte der katholischen Kirche in Deutschland festlegte und garantierte) stimmten die Parteien des politischen Katholizismus – Zentrum und Bayerische Volkspartei – im März 1933 dem Ermächtigungsgesetz zu.

Bildarchiv Preußischer Kulturbesitz

Unterzeichnung des Reichskonkordats vom 20. Juli 1933

Für viele katholische Christen entstand eine paradoxe Situation: Die Mehrzahl der Funktionsträger hatte eben noch in Versammlungen und Kundgebungen deutlich gemacht, dass Katholiken mit ihrer Überzeugung und ihrem Stimmzettel Hitler entgegentreten müssten; nun nahmen die katholischen Bischöfe in ihrer Kundgebung am 28. März 1933 ihre Warnungen vor Hitler und ihre Verurteilung der Ideologie der NSDAP ganz offiziell zurück. Widerspruch aus theologisch oder religiös begründeter Ablehnung des autoritärdiktatorischen Staates war zunächst auf Randgruppen und Einzelpersonen in beiden Kirchen beschränkt. Auf katholischer Seite waren es die „Rhein-Mainische-Volkszeitung" mit ihrem Kreis sozial Engagierter (Friedrich Dessauer, Walter Dirks) und Männer der katholischen Arbeiterbewegung wie Jakob Kaiser – nach dem Kriege einer der führenden Politiker der CDU – sowie fromme Christen, die auf ihren Pfarrer hörten und mit der „neuheidnischen" NS-Politik weiter nichts zu tun haben wollten. Auf der evangelischen Seite waren es Theologen wie Dietrich Bonhoeffer und Professor Karl Barth, die Bedenken gegen ein diktatorisches Regime hatten, weil sie dessen unbedingten Verfügungsanspruch über die Menschen ablehnten.

Vertreter der evangelischen Kirche kamen ab Frühjahr 1933 in Konflikt mit dem Staat. Sie widersetzten sich den Gleichschaltungsversuchen, die sich gegen die traditionellen Selbstverwaltungsstrukturen kirchlicher Organisation richteten. Die Nationalsozialisten wollten eine Kirchenreform durchsetzen, die aus den 28 selbständigen evangelischen Landeskirchen eine einheitliche und gleichförmige „Reichskirche" gemacht hätte, die unter einem „Reichsbischof" nach dem Führerprinzip organisiert sein sollte. Viele evangelische Christen hatten sich dem Nationalsozialismus angeschlossen; sie kämpften, vielfach erfolgreich unter der Bezeichnung „Deutsche Christen" bei den Wahlen für kirchliche Gremien (Synoden) um die Mehrheit. Seit Herbst 1932 traten unter Führung nationalsozialistischer Pfarrer die „Deutschen Christen" auch als Organisation an die Öffentlichkeit. Ihnen standen evangelische Christen, Pfarrer wie Laien, gegenüber, die zunächst nur der Maxime folgten, dass die Kirche sich nicht in staatliche Belange und der Staat sich nicht in kirchliche Angelegenheiten einmischen dürften. Aus dieser Haltung heraus entwickelte sich, im Kampf um Tradition und Organisation der Landeskirchen, eine religiös und zunehmend auch politisch motivierte Opposition gegen den NS-Staat.

In der Abwehr der „Deutschen Christen", die bei den Kirchenwahlen im Juli 1933 mit massiver Unterstützung der NSDAP mehr als 70 Prozent der abgegebenen Stimmen errungen hatten, organisierte sich allmählich die kirchliche Opposition in Form der Bekennenden Kirche. Widerstand im politischen Sinne, in der Absicht, das nationalsozialistische Regime zu stürzen, hat die Bekennende Kirche als Ganzes nicht geleistet. Sie kämpfte erst für die Unversehrtheit ihrer organisatorischen Strukturen und dann für die Unabhängigkeit der kirchlichen Lehre. Das Regime aber fühlte sich durch diese kirchlich-theologische Widersetzlichkeit vielfach auch politisch-ideologisch getroffen. Durch alle Landeskirchen ging von nun an ein Riss, die Fronten waren durch die Anhänger der Bekennenden Kirche, die immer mehr in grundsätzliche Opposition zum Staat gerieten, einerseits und die „Deutschen Christen", die überzeugte Nationalsozialisten waren, andererseits bestimmt. Bei vielen Christen der Bekennenden Kirche wurde aus der oppositionellen Haltung schließlich politischer Widerstand. Sie kämpften, ihrem Gewissen verpflichtet und oft ganz auf sich gestellt, manchmal auch von Gemeindemitgliedern unterstützt mit ihren Mitteln – Predigt und Schrift – erst gegen Übergriffe des Staates ins kirchliche Leben, dann gegen die praktizierte nationalsozialistische Ideologie.

Das Vertrauen der katholischen Kirche in die Zusicherungen Hitlers vom Frühjahr 1933 wich bald der Ernüchterung. Die alltäglichen Behinderungen des kirchlichen Lebens und der von den Nationalsozialisten inszenierte Kampf gegen Ordensgemeinschaften („Klostersturm"), die Prozesse gegen Ordensgeistliche wegen angeblicher Devisenschiebereien und Sittlichkeitsvergehen schreckten die katholischen Kirchenführer auf. Das in Absprache mit deutschen Kardinälen und Bischöfen verfasste päpstliche Rundschreiben („Mit brennender Sorge") vom März 1937 kritisierte die Zustände in Deutschland und distanzierte sich von der nationalsozia-

Bildarchiv Preußischer Kulturbesitz, R. Forberg

Sammelvikariat Groß-Schlönwitz in Hinterpommern, eine Tarnform des Predigerseminars der Bekennenden Kirche. Gruppenfoto von einem Ausflug im Winter 1937/38

listischen Ideologie. Die Mehrzahl der katholischen Bischöfe war aber auch in der Folgezeit nicht bereit, auf Konfrontationskurs zum Hitler-Regime zu gehen.

Der Breslauer Kardinal Bertram blieb als Vorsitzender der Bischofskonferenz zu Kompromissen mit dem Regime geneigt, auch wenn er gegen Eingriffe des Staates in die Rechte der Kirche Protest erhob. Statt der energischen Auseinandersetzung mit Methoden und Zielen nationalsozialistischer Politik, die einige Bischöfe immer wieder forderten, ließ es Kardinal Bertram bei Eingaben in zurückhaltender Form bewenden. Man dürfe das kirchliche Leben nicht gefährden und noch mehr erschweren, lautete das Argument der Mehrheit der Oberhirten. Bischöfe wie Konrad Graf Preysing in Berlin und Clemens August Graf von Galen in Münster, die immer wieder auf eine entschiedenere Politik der Bischofskonferenz drängten, waren die Ausnahme.

Auf evangelischer Seite richteten sich Kanzelverkündigungen 1935 gegen die „rassisch-völkische Weltanschauung". In einer Denkschrift des „radikalen Flügels" der Bekennenden Kirche an Hitler wurde der staatlich verordnete

Antisemitismus verurteilt, ebenso die Existenz der Konzentrationslager, die Willkür der Gestapo und andere Erscheinungen des NS-Staates. Aber die Denkschrift war geheim, und eine öffentliche Kanzelabkündigung ermahnte die Gläubigen zum Gehorsam gegenüber der weltlichen Obrigkeit. Weder gegen die Entrechtung der deutschen Juden durch die Nürnberger Gesetze im September 1935 noch gegen den Novemberpogrom 1938 haben die Kirchen als öffentliche Institutionen geschlossen und nachdrücklich protestiert. Offener Widerstand aus christlicher Gesinnung wurde nur von einzelnen Personen, Pfarrern wie engagierten Laien, geleistet, die sich zu Wort meldeten, um Unrecht beim Namen zu nennen. Die Konsequenzen, die sie damit bewusst auf sich nahmen, hatten sie allein zu tragen. Insgesamt sind während der NS-Herrschaft etwa 900 solche evangelische Christen – Pfarrer und Laien – verhaftet und bestraft worden, wegen ihrer aus dem Glauben motivierten Widersetzlichkeit. Sie kamen ins Gefängnis oder ins KZ, zwölf sind mit dem Tod bestraft worden.

Pfarrer Martin Niemöller wurde wegen seiner regimekritischen Äußerungen und wegen seines mutigen Protestes in Predigten und Gottesdiensten zur herausragenden Gestalt protestantischen Widerstandes. Er hatte im Herbst 1933, als die Judendiskriminierung („Arierparagraph") auch in der Kirche eingeführt wurde, den Pfarrernotbund gegründet, dem bis Jahresende bereits 6000 Pfarrer beigetreten waren. An Niemöller orientierten sich darüber hinaus viele Christen der Bekennenden Kirche. Niemöller wurde im Juli 1937 verhaftet, er blieb bis zum Ende der NS-Herrschaft im KZ.

Bildarchiv Preußischer Kulturbesitz

Pfarrer Niemöller, evangelischer Theologe, 1947

Öffentlich hatte im Sommer 1941 der katholische Bischof von Münster Clemens August Graf von Galen gegen die Ermordung der Behinderten gepredigt. Der Münsteraner Bischof ließ keinen Zweifel an der Absicht und dem Umfang der Morde, führte Zahlen auf und Namen von Anstalten, gab individuelle Beispiele, bezeichnete die Aktion als staatlich angeordneten Mord und verwies auf die moralischen und gesellschaftlichen Folgen. Graf Galens Predigt war der erste öffentliche Protest gegen die „Euthanasie-Aktion", von der manche schon seit längerer Zeit wussten, auch die Vertreter der Kirche. Der Bischof von Münster war seit Juli 1940 informiert. Trotz intensiver Bemühungen war es ihm nicht gelungen, Kardinal Bertram, den Vorsitzenden der katholischen Bischofskonferenz, zu einem offiziellen Protest im Namen der katholischen Kirche zu bewegen. Einer seiner Berater hatte unter Hinweis auf die bedrängten katholischen Gläubigen abgeraten, denn „jede Unvorsichtigkeit und Überstürzung könnte sich sachlich mit weittragenden Folgen in seelsorgerlich-kirchlichen Belangen überhaupt schwer schädigend auswirken".

Der „Kirchenkampf" war ursprünglich nicht Widerstand gegen ein Menschenrechte und göttliches Gebot verletzendes Regime, sondern vor allem die Verteidigung institutioneller und religiöser Ansprüche sowie kirchlicher Lebensräume der beiden Amtskirchen gegenüber einem Staat, der totale Verfügungsgewalt über Menschen beanspruchte. Widerstand aus christlicher Überzeugung, übersetzt in politisches Handeln, blieb im wesentlichen Sache Einzelner. Aktive Christen, Geistliche und Laien nahmen an den Überlegungen des Kreisauer Kreises zur Neugestaltung Deutschlands nach Hitler teil, wie sie auch an den Plänen der Goerdeler-Gruppe mitarbeiteten. Der evangelische Theologe Dietrich Bonhoeffer nahm von Anfang an Partei gegen die Nationalsozialisten. Sie belegten Bonhoeffer, der 1935 Leiter des Predigerseminars der „Bekennenden Kirche" wurde, deswegen mit Redeverbot. Bonhoeffer suchte schon vor dem Krieg Kontakt zur Militäropposition und zum Goerdeler-Kreis; er warb in England für die Ziele der Opposition. Anfang April 1943 wurde er verhaftet, zwei Jahre später im KZ Flossenbürg ermordet.

Bonhoeffer leitete die Notwendigkeit des Widerstandes aus christlichen Grundpositionen ab. Grundsätzlich vertrat er den Standpunkt, der ihn schließlich von der Kritik am NS-Regime zum politischen Widerstand führte: „Wenn die Kirche den Staat in seiner Recht und Ordnung schaffenden Funktion versagen sieht, d. h. wenn sie im Staat hemmungslos ein zuviel oder zuwenig an Ordnung und Recht verwirklicht sieht",

Bildarchiv Preußischer Kulturbesitz

Dietrich Bonhoeffer 1939 in London

müsse die Kirche an die Stelle des Staates treten und „unmittelbar politisch" handeln.

In München engagierte sich der Jesuitenpater Augustin Rösch seit 1941 in der Abwehr der nationalsozialistischen Angriffe auf die Klöster. Er sammelte einen Kreis von Hitler-Gegnern, unter ihnen Pater Alfred Delp, und versuchte, die katholische Bischofskonferenz zu einer schärferen Gangart gegen das NS-Regime zu bewegen. Ab Winter 1941 engagierten sich die Jesuiten Rösch, Delp und König im Kreisauer Kreis, von dort aus liefen auch Fäden zu den Verschwörern des 20. Juli 1944. Pater Delp wurde Ende Juli 1944 verhaftet und im Januar 1945 zum Tode verurteilt. Rösch war

Bildarchiv Preußischer Kulturbesitz

Alfred Delp im Priesterornat, 1937

von Januar bis April 1945 in Gestapo-Haft, Pater König blieb unentdeckt.

Eine christliche Glaubensgemeinschaft verweigerte sich dem nationalsozialistischen Staat bedingungslos: Die Zeugen Jehovas oder Ernste Bibelforscher, wie sie damals genannt wurden. Die in Deutschland 25000 Seelen zählende Gemeinde wurde 1933 verboten, etwa die Hälfte der Mitglieder setzte im Untergrund den „Verkündigungsdienst" fort. Die Zeugen Jehovas verweigerten den Heil-Hitler-Gruß und vor allem den Wehrdienst. Sie wurden deswegen unerbittlich verfolgt. Circa 10000 kamen in Haft. Etwa 1200 Todesopfer forderte der Widerstand dieser Glaubensgemeinschaft, die 1936/37 auch in Flugblattaktionen die Bevölkerung über den verbrecherischen Charakter des NS-Staats aufzuklären suchte und sich dadurch über die Verteidigung ihrer eigenen Interessen hinaus gegen das Unrechtsregime engagierte.

Widerstand aus dem Volk —
Georg Elsers Attentat

Am Abend des 8. November 1939 gegen 20.45 Uhr verhafteten in Konstanz Zollbeamte einen 36-jährigen Mann, der illegal die Grenze zur Schweiz überschreiten wollte. Man fand bei ihm Aufzeichnungen über die Herstellung von Munition, Metallteile eines Zünders und eine Ansichtskarte des Münchener Bürgerbräukellers. Im Festsaal dieser Gaststätte explodierte wenig später, um 21.20 Uhr, eine Bombe. Sieben Menschen fanden sofort den Tod, über sechzig wurden verletzt, einer starb auf dem Weg ins Krankenhaus. Gegolten hatte der Anschlag Adolf Hitler, der jedes Jahr an diesem Ort seine Getreuen aus der „Kampfzeit der NSDAP" um sich scharte, um seines Putschversuches zu gedenken, der am 8. November 1923 im Bürgerbräukeller begonnen hatte. Hitler hatte die Veranstaltung schon gegen 21.10 Uhr verlassen, weit früher als üblich. Dass Hitler der Bombe, die in einer Säule direkt hinter dem Rednerpult detonierte, so knapp entging, wurde von der nationalsozialistischen Propaganda als Fügung des Schicksals, als Akt der „Vorsehung" gefeiert; andererseits aber gerade deswegen von vielen als heimtückische Inszenierung der Nazis selbst angesehen. Um die Unverletzlichkeit und Unangreifbarkeit des Führers zu demonstrieren, hätten die Nationalsozialisten das Leben der eigenen Leute geopfert, meinten diejenigen, die an einen Propagandatrick glaubten. Zuzutrauen war das den nationalsozialistischen Technikern der Macht, aber es entsprach ebenso wenig den Tatsachen wie die Behauptung des Propagandaministers Goebbels und der fixen Idee Hitlers, nach der ausländische Auftraggeber hinter dem Anschlag stecken sollten.

Den Attentäter hatte man rasch ermittelt. Der beim illegalen Grenzübertritt in Konstanz festgenommene Mann, Georg Elser, in dessen Tasche das Bild des Tatorts und allerlei weitere Beweisstücke gefunden wurden, den man zuerst nur der Fahnenflucht verdächtigte, legte am 14. November ein Geständnis ab.

Wer war dieser Mann und was hatte ihn zu seiner Tat bewogen? Georg Elser, 1903 in Hermaringen im Landkreis Heidenheim in Württemberg geboren, wuchs in sehr einfachen Verhältnissen auf. Er war in der Volksschule ein mittelmäßiger Schüler, schloss aber 1922 eine Schreinerlehre als Jahrgangsbester ab. Nach der üblichen Wanderschaft arbeitete er als Schreinergeselle, ab 1932 im heimatlichen Königsbronn. Elser interessierte sich nicht für Politik. Er wählte bis 1933 zwar regelmäßig die KPD, weil er glaubte, diese Partei vertrete am ehesten die Interessen der Arbeiter. Er trat

Bildarchiv Preußischer Kulturbesitz

Georg Elser nutzte die am 8. November regelmäßig stattfindende Traditionsfeier in Münchens Bürgerbräukeller zu einem Bombenanschlag auf Adolf Hitler

auf das Werben eines Arbeitskollegen sogar in den „Roten Frontkämpferbund" ein. Elser setzte sich aber weder mit den politischen Zielen der Kommunisten auseinander noch nahm er sie zur Kenntnis.

Elser war ein verschlossener Einzelgänger, er hatte einen ausgeprägten Sinn für Recht und Gerechtigkeit und in seiner Berufsehre als Schreiner war er empfindlich. Die Motive, die Georg Elser für seinen Bombenanschlag nannte, waren ein vernichtendes Urteil über die NS-Herrschaft, gesprochen von einem einfachen Mann aus dem Volke, der nicht an politische oder weltanschauliche Theorien gebunden war. Elser war aufgrund ganz handfester Tatsachen zur Überzeugung gekommen, dass sich die Lage der kleinen Leute, um deren Wohl die NSDAP angeblich so besorgt war, drastisch verschlechtert hatte, seit die Nationalsozialisten an der Macht waren: Weniger Lohn, höhere Abzüge und der Verlust individueller Freiheit.

Trotz aller Misshandlungen bei den Verhören konnte Elser nichts anderes mitteilen als die Wahrheit: Die seit 1933 von ihm beobachtete Unzufriedenheit in der Arbeiterschaft und seit Herbst 1938 die Gewissheit, dass ein Krieg unvermeidlich sei, wenn Hitler an der Macht blieb, hätten ihn zu seiner Tat bewogen: „Ich stellte allein Betrachtungen an, wie man die Verhältnisse der Arbeiterschaft bessern und einen Krieg vermeiden könnte. Hierzu wurde ich von niemanden angeregt, auch wurde ich von niemandem in diesem Sinne beeinflußt." Unter dem Eindruck der „Sudetenkrise" im Herbst 1938 war Elser zu der Einsicht gekommen, dass Hitler einen Eroberungskrieg plante.

Elsers Gefühl für Anstand, Redlichkeit und Moral machte ihn zum Gegner des nationalsozialistischen Staates. Die Rettung vor dem drohenden Krieg erhoffte er durch den Tyrannenmord. Das war für den schwäbischen Handwerksgesellen die Lösung, die er einsam und allein beschlossen hatte und über die er mit seinem Gewissen lange zu Rate gegangen war: „Wenn ich gefragt werde, ob ich die von mir begangene Tat als Sünde im Sinne der protestantischen Lehre betrachte, so möchte ich sagen ,im tieferen Sinne, nein! ... Ich wollte ja auch durch meine Tat ein noch größeres Blutvergießen verhindern."

Der Polizei fiel es nicht schwer, Elser als den Attentäter zu identifizieren. Indizien waren auch seine geschwollenen und vereiterten Knie: Die Gestapo wusste, dass die wochenlange Arbeit zur Vorbereitung des Sprengsatzes in der Säule kniend verrichtet worden war und bestimmt Spuren hinterlassen hatte. Nach Folter und vielen Verhören wurde er ins KZ Sachsenhausen eingeliefert, Anfang 1945 ins KZ Dachau evakuiert und dort am 9. April 1945 ermordet.

Opposition und Widerstand der jungen Generation

Drei Grundformen jugendlicher Opposition und zwei zeitliche Phasen (die erste 1933 bis 1939, die zweite in den Kriegsjahren) sind zu unterscheiden. Es gab erstens Gruppen, die unter politischen, religiösen oder anderen weltanschaulichen Vorzeichen schon vor 1933 existiert hatten und die versuchten, ihre Traditionen im NS-Staat weiterzuleben. Es entstanden zweitens neue Gruppierungen, deren Motiv die Gegnerschaft zum Nationalsozialismus bildete. Dazu gehörte z. B. der Freundeskreis um Walter Klingenbeck, eine Gruppe katholischer Jugendlicher in München, die 1941/42 mit selbstgebauten Rundfunksendern regimefeindliche Nachrichten verbreitete und zum Kampf gegen Hitler aufrief. Klingenbeck wurde im August 1943 von der NS-Justiz hingerichtet, zwei Freunde wurden zu Zuchthausstrafen verurteilt. Eine andere Gruppe scharte sich um Hanno Günther in Berlin; die Mitglieder kamen aus der Rütli-Schule in Neukölln und verteilten ab 1939 Zettel und selbstgefertigte Flugschriften gegen den Krieg und den NS-Staat. Wieder andere junge Menschen machten das gleiche in Hamburg. Sie bildeten den Freundeskreis von Helmuth Hübener und gehörten der Religionsgemeinschaft der Mormonen an.

Edelweißpiraten

Drittens bildeten sich, vor allem in den Kriegsjahren, an vielen Orten Cliquen und Banden, deren Opposition zunächst in der Ablehnung der HJ bestand. Sie wurden bekannt unter Namen wie „Edelweißpiraten", „Swing-Jugend", „Meuten". Durch ihre bloße Existenz bereiteten sie den Behörden viel Verdruss. Im Herbst 1944 gab der „Reichsführer SS und Chef der Deutschen Polizei", Heinrich Himmler, einen Erlass heraus, in dem es hieß: „In allen Teilen des Reiches, insbesondere in größeren Städten haben sich seit einigen Jahren – und in letzter Zeit in verstärktem Maße – Zusammenschlüsse Jugendlicher (Cliquen) gebildet. Diese zeigen z. T. kriminell-asoziale oder politisch-oppositionelle Bestrebungen und bedürfen deshalb, vor allem in Hinblick auf die kriegsbedingte Abwesenheit vieler Väter, Hitler-Jugend-Führer und Erzieher, einer verstärkten Überwachung."

Der pauschale Vorwurf „asozialen Verhaltens" war im NS-Staat gegen unangepasste Personen und Gruppen schnell zur Hand. Er brauchte auch nicht bewiesen zu werden, wenn man als „Asozialer" ins KZ eingeliefert wurde. Bei den einige tausend Jugendliche umfassenden Gruppen, die unter dem Sammelnamen „Edelweißpiraten" verfolgt wurden, waren die Grenzen zwischen provokativ zur Schau getragenem selbstbestimmten Jugendleben („Herumlungern", Ablehnung bürgerlicher Ordnungsvorstellungen) und tatsächlicher Kriminalität fließend. Außer wegen Prügeleien mit HJ-Streifen wurden „Edelweißpiraten" auch wegen strafrechtlicher Delikte wie Schwarzhandel oder Einbruch verurteilt. Entwurzelung und Großstadtkriminalität unter extremen Lebensumständen am Ende des Krieges waren in der Regel stärkere Bewegkräfte als politische Motive. Die Verfolgung jugendlicher Cliquen förderte wiederum deren Abneigung gegen den Staat. So mischten sich auch die Beweggründe im berühmtesten Fall: In Köln-Ehrenfeld versuchten Jugendliche nach einer Reihe von Gewalttaten das Gestapo-Gebäude in die Luft zu sprengen. Nach einer anschließenden Schießerei wurden die Mitglieder einer Gruppe von „Edelweißpiraten" ohne Gerichtsurteil öffentlich erhängt.

Im Rheinland und im Ruhrgebiet, namentlich in Großstädten wie Köln, Düsseldorf und Essen, gab es etliche dieser nach ihrem Erkennungszeichen „Edelweißpiraten" genannten Jugendliche. Sie demonstrierten in Auftreten und Kleidung einen Lebensstil, der mit bündischen und proletarischen Elementen deutlich von der Staatslinie abwich. Ähnliches nonkonformes Verhalten zeigten „die Schlurfs" in Wien und Gruppen in anderen Regionen, wie in Sachsen oder in Frankfurt am Main. Ebenso der oppositionellen jugendlichen Subkultur zuzurechnen sind die Leipziger oder Erfurter „Meuten", die „Proletengefolgschaften" in Halle und andere Gruppen. Gemeinsam war ihnen die Herkunft aus dem Arbeitermilieu.

Aus anderer Wurzel, nämlich der großstädtisch-bürgerlichen Kultur, entstand etwa ab 1939 eine eigene jugendliche Subkultur, die „Swing-Jugend" mit Schwerpunkt in Hamburg. Durch betont lässiges Auftreten, langes Haar und unmilitärische Kleidung, durch forciert angelsächsisches Gehabe und die Bevorzugung ausländischer, in Deutschland verpönter Musikstile (Swing und Jazz), provozierten diese Jugendlichen die NS-Behörden. Die Reaktion war Verfolgung und Einweisung von „Swing-Jugendlichen" ins KZ. Ohne dass eine ausdrückliche politische Betätigung vorlag, betrachtete das Regime diese Art der Verweigerung als Widerstand und reagierte entsprechend.

Die Weiße Rose

Als Widerstand der jungen Generation wurde nach 1945 lange Zeit fast ausschließlich das Engagement der Studenten der Weißen Rose in München oder der Kampf der jungen Arbeiter um Herbert Baum in Berlin wahrgenommen. Beide Gruppen gehörten, weil es sich um junge Erwachsene handelte, wohl weniger zum Jugendprotest und beide Gruppen hatten weit über die Verweigerung hinausgehende politische Absichten.

An den Universitäten gab es nur wenig Widerstand gegen den Nationalsozialismus. Die Studentenschaft hatte die Hitler-Bewegung weithin begeistert begrüßt und ihr schon vor 1933 die Wege in den Universitäten geebnet.

Im Zweiten Weltkrieg regte sich aber auch studentischer Protest. Es waren andere Motive als in den Jahren bis 1939 und auch eine andere Studentengeneration, die den Protest formulierte. Die wichtigste Widerstandsgruppe, die am meisten beachtet wurde, war die Weiße Rose in München. Den Kern dieser Gruppe bildeten fünf Studenten, zwischen 21 und 25 Jahren alt: Hans und Sophie Scholl, Willi Graf, Christoph Probst und Alexander Schmorell. Ihr Mentor war Professor Kurt Huber, der schon vorher mit den Nationalsozialisten in Konflikt geraten war. Zur Weißen Rose gehörten noch etwa ein Dutzend Studenten, Intellektuelle, Künstler, es war ein nicht organisierter Freundeskreis.

Im Juni und Juli 1942 tauchten in München insgesamt vier Flugblätter auf, verfasst im Wesentlichen von den beiden Medizinstudenten Hans Scholl und Alexander Schmorell. Diese Flugblätter richteten sich an das gebildete Bürgertum, aus dem die Verfasser stammten. In pathetischer Sprache, mit vielen Zitaten aus der klassischen Literatur und christlich-moralischen Appellen wurde zum passiven Widerstand gegen den verbrecherischen Krieg des Hitler-Regimes aufgerufen. Die christlich-humane Prägung der Studenten aus konservativem Elternhaus war unverkennbar. Ebenso der aus der bündischen Jugendbewegung stammende moralische Rigorismus. Ihr Idealismus und ihr unbedingtes Bekenntnis zur Humanität machten den Widerstand der Münchner Studenten überzeugend. Der Einfluss ihres Lehrers, Professor Kurt Huber, legte den Grund für die oppositionelle Haltung der Studenten. Kriegsdienst in einer Studentenkompanie an der Ostfront führten Willi Graf, Alexander Schmorell und Hans Scholl im Sommer 1942 die Sinnlosigkeit und Grau-

ullsteinbild 00003714

Die Geschwister Hans und Sophie Scholl und Christoph Probst (von links) von der studentischen Widerstandsgruppe „Weiße Rose" in München

samkeit des Krieges vor Augen und bestärkten sie in der Absicht, nach ihrer Rückkehr im November 1942 Widerstand durch politische Aufklärung der Öffentlichkeit zu leisten.

Die beiden letzten Flugblätter der Weißen Rose unterschieden sich stilistisch und im Inhalt deutlich von den schöngeistigen und literarischen ersten vier Botschaften. Präzise und politisch unmissverständlich verwiesen die Verfasser im Januar und im Februar 1943 auf die aussichtslose Kriegslage nach der Katastrophe von Stalingrad und riefen zum aktiven Kampf gegen den NS-Staat auf, dessen Verbrechen sie beim Namen nannten.

Beim Verteilen von Flugblättern im Lichthof der Münchener Universität wurden die Geschwister Scholl von einem Hausmeister festgehalten und einer Gestapo-Sonderkommission übergeben. Vier Tage später standen sie zusammen mit Christoph Probst vor dem Volksgerichtshof. Die Todesurteile wurden noch am gleichen Tag vollstreckt. Im April 1943 gab es einen zweiten Prozess gegen vierzehn weitere Mitglieder der Weißen Rose. Willi Graf, Kurt Huber und Alexander Schmorell wurden zum Tode verurteilt, die anderen zu Haftstrafen.

Die Herbert-Baum-Gruppe

Von ganz anderer Herkunft waren die Mitglieder des Widerstandskreises, den der gelernte Elektriker Herbert Baum zusammen mit seinem Freund Martin Kochmann (er war als Kaufmann ausgebildet, aber als Arbeiter beschäftigt) und ihren Frauen Sala und Marianne in Berlin um sich geschart hatten. Diese vier kannten sich seit der Schulzeit, sie waren gleichaltrig, 1912 geboren und damit etwas älter als die Studenten der Weißen Rose. Die anderen Mitglieder der Herbert-Baum-Gruppe, etwa einhundert Menschen, waren erheblich jünger. Sie kamen meist aus der jüdischen Jugendbewegung. Bemerkenswert war auch, dass in dieser Berliner Widerstandsgruppe des Arbeiter- und Kleinbürgermilieus, die durch ihre ideologische Nähe zu Sozialisten und Kommunisten eine besondere Stellung hatte, der Anteil von Mädchen und Frauen groß war.

Das Ehepaar Baum und die Kochmanns hatten bis 1933 offiziell im kommunistischen Jugendverband Deutschlands gearbeitet. Die illegale Fortsetzung dieser Tätigkeit und ihr Engagement in der jüdischen Jugendbewegung leitete über zu den Widerstandsaktivitäten, die sie mit doppelter Motivation als linke politische Gegner der Nationalsozialisten und als diskriminierte und verfolgte Juden betrieben.

Höhepunkt und Ende des Widerstandes der Herbert-Baum-Gruppe war ein Brandanschlag auf die von den Nationalsozialisten inszenierte antikommunistische Propagandaausstellung „Das Sowjetparadies". Sie war am 8. Mai 1942 am Berliner Lustgarten eröffnet worden. Zehn Tage später versuchten Herbert Baum und seine Freunde, die Ausstellung, die rassistische, kulturelle und politische Vorurteile zu einem primitiven Bild der Sowjetunion zusammenfügte, in Brand zu setzen. Eine gleichzeitige Flugblattaktion, an der auch Mitglieder anderer Widerstandsgruppen (Rote Kapelle) beteiligt waren, sollte zusammen mit dem Brand ein Zeichen setzen, dass es Widerstand gegen den Nationalsozialismus

Bildarchiv Preußischer Kulturbesitz, Oskar Dahlke

Großer Andrang zur Propagandaausstellung „Das Sowjetparadies" in Berlin, bei der die Herbert-Baum-Gruppe mit einem Brandanschlag auf ihre Widerstandsbewegung aufmerksam machen wollte, Juni 1942

gab. Der Brand richtete nur geringen Schaden an und war rasch gelöscht, gegen die Täter schlug die Gestapo wenige Tage später zu. Möglicherweise wurden Baum und andere Beteiligte denunziert. In mehreren Prozessen wurden über zwanzig Mitglieder der Gruppe zum Tode verurteilt. Herbert Baum kam nach schweren Folterungen in der Haft ums Leben, wahrscheinlich durch Freitod.

Die Nationalsozialisten hielten die Widerstandsaktionen geheim, was zeigte, wie verunsichert sie dadurch waren. Zu den Wirkungen des Brandanschlags gehörte auch das Gerücht, die Nazis hätten aus Rache spontan fünfhundert Berliner Juden festgenommen und 250 sofort erschossen. Diese Nachricht verbreitete sich auch im Ausland. Damit war, auch wenn es so nicht den Tatsachen entsprach, eine Wirkung erzielt, die von der Baum-Gruppe erhofft war, nämlich die Verbreitung der Kunde, dass es Widerstand in Deutschland gab. Die Ermordung der 250 Juden war eine Repressalie auf das etwa zeitgleiche Attentat gegen Reinhard Heydrich, den Stellvertreter des „Reichsprotektors" in Prag gewesen.

Der Nachruhm der Gruppe Herbert Baum war gering, gemessen an der Anteilnahme, die der akademische Protest der Weißen Rose schon früher gefunden hatte. Die Motive der jungen Arbeiter in Berlin waren jedoch in dem entscheidenden Punkt dieselben wie die der Studenten in München und Hamburg: Es ging ihnen um die Überwindung eines verbrecherischen Systems, das die Welt mit Krieg überzog im Namen einer Ideologie, die Rassenhass und Herrenmenschentum zum Dogma erhob.

Widerstand traditioneller Eliten

Das Bürgertum, die durch Besitz, Bildung und Einfluss geprägte Schicht, stand dem NS-Staat, der an patriotische Gefühle appellierte und der die politische Linke vernichtete, lange Zeit mehrheitlich mit Sympathie, z. T. sogar mit Begeisterung, gegenüber. Eine Minderheit konservativ und liberal denkender Bürger war zwar von Anfang an skeptisch, hatte sich aber in die „innere Emigration" zurückgezogen und zeigte Opposition nach außen allenfalls durch Verweigerung. Nur im Kreis Gleichgesinnter wurden politische Ereignisse und Lebensumstände kritisch kommentiert. Angesichts des augenscheinlichen Erfolgs der Nationalsozialisten hatte auch die Regimegegner eine Art Lähmung befallen.

Die allmählich wachsende moralische Empörung einzelner über die Korruption und die alltägliche Gewalt verdichtete sich ab 1938 – dem Jahr des Pogroms gegen die Juden und der Sudetenkrise – zum politischen Widerstand. Unter hohen Militärs, im bayerischen Adel, unter Beamten und Diplomaten, in ganz verschiedenen Kreisen der traditionellen Eliten, die von den Nationalsozialisten entmachtet worden waren oder die nach anfänglicher Gefolgschaft zur Einsicht in die wahre Natur des Regimes kamen, entstand Unruhe: Zum einen über die Radikalisierung der nationalsozialistischen Politik, insbesondere gegenüber den Juden, und zum anderen wegen der expansionistischen Außenpolitik Hitlers, die offenkundig auf Krieg angelegt war.

Wachsende Kritik am Dilettantismus der NS-Politik bildete einen weiteren Anlass, über eine Neuordnung nach dem erhofften Ende der NS-Herrschaft nachzudenken. Der Krieg machte diese Notwendigkeit noch deutlicher. In mehreren Widerstandskreisen, die durch persönliche Beziehungen einzelner Mitglieder meist auch voneinander wussten, sich gegenseitig informierten und auch mit dem militärischen Widerstand Kontakt aufnahmen, wurde für die Zeit nach Hitler oder ganz konkret sein Sturz geplant.

Der Kreisauer Kreis

In Kreisau in Niederschlesien, auf dem Gut des Grafen Moltke, trafen sich Pfingsten 1942 einige Männer und Frauen. Es waren die Tage vom 22. bis 25. Mai, die von dem Freundeskreis genutzt wurden, über Themen zu diskutieren, die vom Verhältnis zwischen Staat und Kirche über Erziehung bis zu Hochschulreform und Lehrerbildung reichten. Es war eine Diskussion über allgemeine und abstrakte Probleme, deren Ergebnisse schriftlich fixiert wurden. So wäre das Treffen in Kreisau zu charakterisieren, wenn es in normalen Zeiten stattgefunden hätte. Für den nationalsozialistischen Staat aber war es Hochverrat.

Die führenden Köpfe waren Helmuth James Graf von

Bildarchiv Preußischer Kulturbesitz

Helmuth James Graf von Moltke als Student, 1928/29

Moltke und Peter Graf Yorck von Wartenburg. Moltke hatte Jura studiert, war mit der angelsächsischen Welt vertraut. Politisch liberal und von tiefer christlicher Überzeugung, verachtete er die Nationalsozialisten und verzichtete nach seinem Assessorexamen 1933 auf die erstrebte Karriere als Richter. Er ließ sich als Rechtsanwalt in Berlin nieder. Zu Beginn des Zweiten Weltkrieges wurde Moltke Referent für Völkerrecht in der Auslandsabwehr des Oberkommandos der Wehrmacht (OKW). Peter Graf Yorck von Wartenburg war ebenfalls Träger eines berühmten preußischen Namens. Auch er war Jurist, hatte es im Staatsdienst zum Oberregierungsrat gebracht, war ab 1942 im Wehrwirtschaftsamt des OKW tätig.

Peter Graf Yorck von Wartenburg, um 1942   Adam von Trott zu Solz, 1935

Schon vor dem Krieg hatten beide Gesprächskreise von Regimegegnern um sich geschart. Ab 1940 trafen sich in Kreisau, aber auch in Berlin und München in wechselnder Zusammensetzung etwa 20 Personen, die in der Opposition gegen den Nationalsozialismus übereinstimmten, denen (mit ungefähr noch einmal so vielen Sympathisanten) Weltläufigkeit, soziale Verantwortung und christliches Engagement gemeinsam war.

Zu den Gleichgesinnten, wenn auch von ganz anderem Herkommen, gehörte Eugen Gerstenmaier, ein aus schwäbischem Kleinbürgertum stammender evangelischer Theologe, der im Krieg zur kulturpolitischen Abteilung des Auswärtigen Amtes dienstverpflichtet worden war. Adam von Trott zu Solz, Jurist im Auswärtigen Amt, kosmopolitischer Patriot mit Verbindungen ins Ausland, gehörte zu den Kreisauern ebenso wie der Oberpräsident der preußischen Provinz Oberschlesien Hans Lukaschek, den die Nationalsozialisten aus dem Amt gejagt hatten und Theodor Steltzer, der bis 1933 Landrat in Rendsburg gewesen war. Der Kreisauer

Kreis bestand aus Männern, die aus ganz unterschiedlichen sozialen, ideologischen und politischen Bereichen kamen. Alfred Delp und Augustin Rösch waren Jesuitenpatres, Adolf Reichwein war Pädagoge und Sozialdemokrat, Hans Peters Professor für Verwaltungsrecht, engagierter Katholik und Demokrat, Harald Poelchau war evangelischer Geistlicher und religiöser Sozialist, Theo Haubach, Julius Leber und Carlo Mierendorff hatten sich als sozialdemokratische Politiker profiliert und dafür im KZ gelitten. Viele Mitglieder des Kreises waren von der Jugendbewegung geprägt, soziales Engagement einte sie alle.

Die „Grundsätzliche Erklärung", die von den Kreisauern im Mai 1942 formuliert wurde, rechnet man zu den Schlüsseldokumenten des Widerstandes gegen Hitler. Zum Ausdruck kommt darin die Absicht, eine Neuordnung und Neuorientierung von Staat und Gesellschaft nach der Überwindung des Nationalsozialismus zu gestalten. „Wir sehen im Christentum wertvollste Kräfte für die religiös-sittliche Erneuerung des Volkes, für die Überwindung von Hass und

Alfred Delp und Lothar König (rechts), um 1935

Lüge, für den Neuaufbau des Abendlandes, für das friedliche Zusammenarbeiten der Völker. "

In drei größeren Treffen diskutierte der Kreisauer Kreis die Grundlagen einer humanen und sozialen Ordnung des Zusammenlebens im nationalen und europäischen Rahmen, die 1943 in den „Grundsätzen für die Neuordnung" endgültig formuliert wurden. Sieben unverzichtbare Forderungen sollten das Fundament der inneren Erneuerung und eines gerechten und dauerhaften Friedens bilden. Die Wiederherstellung des Rechtsstaats, die Garantie von Glaubens- und Gewissensfreiheit, das Recht auf Arbeit und Eigentum standen obenan. Selbstbestimmung und Verantwortlichkeit sollten wieder an die Stelle des Prinzips von Befehl und Gehorsam treten. Statt Diktatur und Unterwerfung sollten politische Verantwortung und Mitwirkung jedes einzelnen, die Mitbestimmung im Betrieb und in der Wirtschaft einschloss, die Prinzipien staatlicher und gesellschaftlicher Ordnung bilden. Wichtig war den Kreisauern aber auch die Überwindung des Nationalismus. Die Gründung einer Völkergemeinschaft im Geiste internationaler Toleranz lag ihnen mehr am Herzen als die Bewahrung bzw. Wiederherstellung einzelstaatlicher Souveränitätsrechte.

Die „Grundsätze für die Neuordnung" waren ein Programm für den Neuaufbau nach der NS-Diktatur, in dessen Mittelpunkt Arbeiterschaft und Kirchen stehen sollten. Die Grundsätze boten auch eine interessante Variante zum Wahlrecht: jedes Familienoberhaupt sollte für jedes nicht wahlberechtigte Kind eine zusätzliche Stimme erhalten. Politische Beamte und Waffenträger sollten für den Reichstag, dessen indirekte Wahl durch die Landtage vorgesehen war, nicht wählbar sein. Das Wirtschaftsprogramm war von den Leitmotiven staatlicher Wirtschaftsführung, Sozialisierung der Schlüsselindustrien und vom Gedanken der Mitbestimmung beherrscht. Gegen die nationalsozialistische, auf Zwang, Unterwerfung und Irrationalität beruhende Herrschaft setzten die Kreisauer eine Gesellschafts- und Staatsordnung, die sich auf Humanität, christliche Ethik, Gerechtigkeit und Überwindung von Klassenschranken gründen sollte. Ziel des Kreisauer Kreises war die Wiederherstellung eines humanen Rechtsstaats, der nach der Bestrafung der nationalsozia-

Dr. Eugen Gerstenmaier als Angeklagter vor dem Volksgerichtshof in Berlin im Januar 1945

listischen Verbrecher mit einer demokratischen Verfassung neu aufgebaut werden sollte.

Zur Vorbereitung eines gewaltsamen Umsturzes und zum Tyrannenmord durch ein Attentat auf Hitler fühlten sich die Kreisauer nicht berufen. Sie hofften auf eine Art Arbeitsteilung, bei der sie die Reformpläne ausarbeiten wollten, damit sie zur Verfügung stünden, wenn die Zeit dafür gekommen war. Den Weg zur Neuordnung aber sollte die Militäropposition, zu der man Verbindungen unterhielt, frei kämpfen.

Graf Moltke wurde vor allem durch die nationalsozialistischen Verbrechen an den Juden, den Kriegsgefangenen und der Bevölkerung in den besetzten Gebieten zum Widerstand getrieben. Er wollte zwar die Nationalsozialisten ablösen, den Machtstaat und das Rassendenken überwinden, den Gedanken an eine gewaltsame Beseitigung Hitlers lehnte er jedoch lange Zeit ab. Er hatte nicht nur moralische Bedenken gegen den Tyrannenmord: Wie viele andere Gegner des Nationalsozialismus fürchteten auch die Kreisauer, der gewaltsame Sturz des Regimes im Kriege könnte zu Legenden führen. Denn nach dem verlorenen Ersten Weltkrieg hatten diejenigen, die sich mit der Niederlage Deutschlands nicht abfinden konnten, die „Dolchstoßlegende" in die Welt gesetzt: Verrat habe den Krieg entschieden, das tapfere und siegreiche deutsche Heer sei von hinten, also aus der Heimat, erdolcht worden. Mit einer ähnlichen Hypothek, zu der ein Attentat auf Hitler den Anlass geboten hätte, wollten die Kreisauer die Neuordnung von Staat und Gesellschaft nicht belasten.

Im Januar 1944 wurde Graf Moltke durch die Gestapo verhaftet, weil er einen Kollegen vor der drohenden Festnahme gewarnt hatte. Der Kreisauer Kreis war ohne Moltke als treibender Kraft und geistigem Mittelpunkt am Ende. Die aktivsten Mitglieder schlossen sich der Widerstandsgruppe um Goerdeler an und beteiligten sich am Attentat des 20. Juli 1944. Mitte August 1944 stieß die Gestapo beim Verhör der vielen Mitwisser des 20. Juli auch auf den Kreisauer Kreis. Nach Misshandlung und Folter standen die führenden Mitglieder vor dem Volksgerichtshof. Um möglichst viele Freunde aus dem Kreisauer Kreis zu schützen, verteidigte sich Moltke mit der Strategie, man habe keinen Umsturz geplant, keine organisatorischen Schritte getan, mit niemandem über Ämter und Funktionen in einer Regierung nach Hitler gesprochen. Man habe nur theoretische Erörterungen angestellt. Im Grunde seien auch nur der Jesuitenpater Delp, der Theologe Gerstenmaier und von Moltke beteiligt gewesen, allenfalls noch Peter Graf Yorck von Wartenburg und Adam von Trott zu Solz.

Eugen Gerstenmaier ordnete später den Kreisauer Kreis folgendermaßen in den Gesamtzusammenhang des Widerstandes ein: „Geschichtliche Wahrheit ist, dass auch die Kreisauer für den Sturz Hitlers gearbeitet haben, indem sie sich energisch darum mühten, dass Deutschland nach der Vernichtung Hitlers bestehen könne. Sie waren der Meinung, je genauer und weitblickender die Vorbereitung dafür sei, desto mehr Chancen habe der Tag X und desto eher werde der Sturz Hitlers und seines Systems herbeizuführen sein."

Am 11. Januar 1945 wurde Helmuth James von Moltke zum Tode verurteilt. Am 23. Januar 1945, drei Monate vor dem Zusammenbruch des Hitlerstaates, wurde er in Berlin-

Plötzensee hingerichtet. Nur wenige aus dem Zentrum des Kreisauer Kreises entgingen den Henkern des NS-Regimes. Einige spielten beim demokratischen Neubau Deutschlands nach Hitler eine Rolle. Eugen Gerstenmaier war von 1954 bis 1969 Präsident des Deutschen Bundestages, Theodor Steltzer in der ersten Nachkriegszeit Ministerpräsident von Schleswig-Holstein, Hans Lukaschek war unter Adenauer Bundesvertriebenenminister. Das Vermächtnis der Kreisauer blieb die in ihren Dokumenten und Briefen niedergelegte Idee einer humanen und sozialen Gesellschaft nach Hitler.

Der Goerdeler-Kreis

Carl Goerdeler, 1884 geboren, entstammte einer traditionsreichen preußischen Beamtenfamilie. Nach dem Studium der Rechte trat er in den Kommunaldienst und wurde 1930 Oberbürgermeister von Leipzig. Sein Ruf als hervorragender Verwaltungsfachmann und Organisator drang weit über Leipzig hinaus, mehrmals war er als Kandidat für das Amt des Reichskanzlers im Gespräch. Im Dezember 1931 wurde er als Reichspreiskommissar berufen. Anders als bei seinem Kollegen Konrad Adenauer, dessen Amtszeit als Kölner Oberbürgermeister mit dem nationalsozialistischen Machtbeginn jäh endete, musste Goerdeler als nationalkonservativ gesinnter Politiker den Leipziger Oberbürgermeisterstuhl nicht verlassen. Im Januar 1934 wurde er auch wieder zum Preiskommissar ernannt, obwohl er keine Zugeständnisse an die neue Reichsregierung gemacht hatte und auch nicht der NSDAP beigetreten war.

Goerdeler geriet jedoch bald in Gegensatz zur nationalsozialistischen Finanz- und Wirtschaftspolitik. Er missbilligte die unseriöse Kreditschöpfung des Wirtschaftsministers Hjalmar Schacht, mit der die Aufrüstung finanziert wurde, und er kritisierte die antijüdische Politik des Dritten Reiches wegen ihrer negativen Wirkungen für das deutsche Ansehen im Ausland. In zwei Gutachten zur Finanzlage, die Hitler 1935 und 1936 bei Goerdeler in Auftrag gegeben hatte, verhehlte er diese Überzeugung nicht. Aus der kritischen Einstellung des Leipziger Oberbürgermeisters wurde offener Protest, als

Adolf Hitler und Bürgermeister Carl Friedrich Goerdeler bei einer Gedenkfeier zum 50. Todestag von Richard Wagner im Leipziger Gewandhaus, 13. Februar 1933

die Nationalsozialisten im November 1936 die Entfernung des Denkmals für den Komponisten Felix Mendelssohn-Bartholdy in Leipzig erzwangen, weil er Jude gewesen war. Am 1. April 1937 trat Goerdeler, 52jährig, zurück.

Goerdelers oppositionelle Einstellung war aber noch keine Widerstandshaltung, die auf die Beseitigung der Hitlerregierung zielte. Mit manchen außen- und wehrpolitischen Bestrebungen des NS-Regimes stimmte Goerdeler – wie viele Konservative – überein. Auch wenn sie die Methoden der Nationalsozialisten missbilligten, so gehörten die Überwindung des Versailler Vertrages und die Hoffnung auf die Wiederherstellung der Reichsgrenzen von 1914 zu den gemeinsamen Zielen. Vom Stuttgarter Industriellen Robert Bosch mit einem Beratervertrag ausgestattet, unternahm Goerdeler mit Wissen und Zustimmung von Hermann Göring (der als „Beauftragter für den Vierjahresplan" eine zentrale Rolle in der nationalsozialistischen Wirtschaftspolitik spielte) in den Jahren nach seinem Rücktritt ausgedehnte „Geschäftsreisen" auch ins Ausland.

Als deren Folge warnte er wiederholt Göring vor einer Unterschätzung Frankreichs und Großbritanniens durch die deutsche außenpolitische Führung. Gleichzeitig machte er auf den negativen Eindruck aufmerksam, den die nationalsozialistische Kirchenpolitik und die Judenverfolgung im Ausland machten. Der eigentliche Zweck der Reisen Goerdelers bestand darin, im Ausland Sympathien und Verständnis für oppositionelle Haltungen gegenüber der Reichsregierung zu wecken und zu fördern.

Treffpunkt von Kritikern und Gegnern der Nationalsozialisten wurde die Berli-

Ludwig Beck, Generalstabschef des deutschen Heeres, um 1938

56

ner Mittwochsgesellschaft, ein traditionsreicher Zirkel von liberalen und konservativen Persönlichkeiten der Wissenschaft und des öffentlichen Lebens, der seit 1863 jeden zweiten Mittwoch zur „wissenschaftlichen Unterhaltung" zusammenkam. Hier fand Goerdeler gedankliche Übereinstimmung in der Kritik an Hitler mit dem Generalstabschef des Heeres, Ludwig Beck, mit dem deutschen Botschafter in Rom, Ulrich von Hassell, dem preußischen Finanzminister Johannes Popitz, dem Wirtschaftswissenschaftler Jens Jessen und anderen. Einig waren sich diese Männer darin, dass der Krieg, den Hitler offen anstrebte, verhängnisvoll für Deutschland sein würde. Generaloberst Ludwig Beck versuchte bis zum Sommer 1938, mit Denkschriften und Vorträgen über das Risiko eines Krieges für Deutschland auf Hitler einzuwirken. Als er erkannte, wie wenig Rückhalt er unter hohen Offizieren mit seinen Warnungen fand, bat er am 18. August 1938 um seinen Abschied als Chef des Generalstabs des Heeres.

Mit seinen weitreichenden Verbindungen zu Oppositionellen in ganz Deutschland wurde Goerdeler Mittelpunkt eines Widerstandskreises, der sich in verschiedenen Richtungen erweiterte und über Ludwig Beck eng mit der Militäropposition verbunden war. Nach Kriegsbeginn im Herbst 1939 fanden Gewerkschafter wie Jakob Kaiser (1949–1957 Bundesminister für gesamtdeutsche Fragen) und der Sozialdemokrat Wilhelm Leuschner (er war bis 1933 hessischer Innenminister gewesen) zum Goerdeler-Kreis. Die Industriellen Robert Bosch und Paul Reusch sympathisierten mit den Plänen des Goerdeler-Kreises, das Netz der Gleichgesinnten – überwiegend Männer des konservativen und national-liberalen Bürgertums und christliche Politiker – dehnte sich aus.

Die Aktivitäten des Goerdeler-Kreises gingen in zwei Richtungen. Zum einen drängte Goerdeler, inzwischen zum entschiedenen Gegner des NS-Regimes geworden, zum Staatsstreich, zum Sturz Hitlers durch das Militär, um die Ausweitung des Krieges zu verhindern. Zum anderen arbeitete er an Entwürfen für eine Staats- und Gesellschaftsordnung, deren Grundlage Rechtsstaatlichkeit, Moral, bürgerlicher Anstand und die christliche Weltanschauung sein sollten. Die Vorstellungen des Goerdeler-Kreises waren stärker von autoritären Zügen geprägt als von demokratischen, ganz unübersehbar waren nationalkonservative Sehnsüchte, die sich an dem von Bismarck geprägten Deutschen Kaiserreich orientierten.

Die von Carl Goerdeler Ende 1941 verfasste und von Ludwig Beck mitverantwortete Denkschrift „Das Ziel" ist neben den „Grundsätzen für die Neuordnung" aus dem Kreisauer Kreis der wichtigste Verfassungsentwurf des Widerstandes. Aus der Entstehungszeit (es war die Zeit der größten militärischen Erfolge Hitlers) erklärte sich die naive Annahme, das Deutsche Reich werde in seinen territorialen Grenzen von 1938 (unter Einschluss Österreichs, des Elsaß, des Sudetenlands und polnischer Gebiete) fortbestehen können.

Die politische Haltung des Goerdeler-Kreises zeigte sich in dieser Denkschrift am besten. Bezeichnend sind die Aussagen zum Wahlrecht, zum Reichsaufbau von unten nach oben, zum Selbstverwaltungsgedanken und zur beherrschenden Stellung des Reichskanzlers. Die Volksvertretung erscheint unter den verfassungsmäßigen Institutionen an letzter Stelle, quasi als Anhängsel der Reichsregierung. Dem indirekt gewählten Reichstag sollte ein nichtgewähltes Reichsständehaus (aus Vertretern von Berufsgruppen, Hochschulen und vom „Staatsführer" Berufenen) gleichberechtigt zur Seite stehen. Bei der Aufzählung der notwendigen Minister erscheint der Wehrminister an erster Stelle. Ein Arbeitsminister wurde bewusst abgelehnt, weil sich alle Ministerien in gleicher Weise für diesen wichtigsten Bereich sozialen Lebens engagieren sollten. („Die Einrichtung eines besonderen Arbeitsministeriums vermindert die entscheidende Verantwortung, die jeder Minister als erste gerade auf dem Gebiet der Arbeit hat.")

Patriarchalische Züge mischen sich in der Konzeption Goerdelers und Becks mit moralisch-aufklärerischen Forderungen. Verantwortungsgefühl und das „Vertrauen anständiger Männer untereinander" waren den Verfassern der Denkschrift wichtigere Werte als demokratische Kategorien der Mitwirkung und Mitbestimmung in Staat und Gesellschaft. „Der diktatorische oder tyrannische Führerstaat" schien ihnen „ebenso unmöglich wie der entfesselte überdemokratische Parlamentarismus". Als Staatsspitze wurden

Möglichkeiten wie Erbkaiser, Wahlkaiser oder auf Zeit gewählter „Reichsführer" erwogen, mit einer deutlichen Vorliebe für die Erbmonarchie.

Im Winter 1941/42 konkretisierten sich die Pläne dahin, dass nach dem gewaltsamen Sturz Hitlers zunächst ein Direktorium die Regierungsgewalt ausüben sollte: Generaloberst Beck als Staatsoberhaupt („Reichsführer"), Goerdeler als Reichskanzler und Generalfeldmarschall von Witzleben als Oberbefehlshaber des Heeres. Ministerlisten wurden ausgearbeitet, die später der Gestapo in die Hände fielen, für viele mit tödlichen Folgen. Ein Regierungsprogramm entstand im Sommer 1944 in der Erwartung des bevorstehenden Staatsstreichs. Dazu bedurfte es langer Verhandlungen und immer neuen Einwirkens auf die Militäropposition. 1942 versuchte Goerdeler, einen hochrangigen und populären Truppenbefehlshaber für den Widerstand zu gewinnen. Generalfeldmarschall Erwin von Witzleben kam nicht mehr in Frage, als er im Februar 1942 von Hitler als Oberbefehls-

Bildarchiv Preußischer Kulturbesitz

Erwin von Witzleben, Generalfeldmarschall, 1936

Bildarchiv Preußischer Kulturbesitz

Friedrich Olbricht, General, Chef des Allgemeinen Heeresamtes der Wehrmacht, 1939

haber West abgelöst wurde. Im Spätherbst 1942 versuchte Goerdeler vergeblich, den Chef der Heeresgruppe Mitte an der Ostfront, den Generalfeldmarschall Kluge, auf die Seite der Opposition zu ziehen. Weil sich die populären Frontkämpfer versagten, blieben nur die Offiziere in Positionen des Ersatzheeres, vor allem in Berliner Dienststellen, die den Staatsstreich militärisch durchsetzen konnten. Wichtigster Ansprechpartner war General Friedrich Olbricht, der Chef des Allgemeinen Heeresamtes.

Je mehr Zeit verstrich und je mehr Attentatspläne der Militäropposition misslangen, je schlechter sich die militärische Lage für Deutschland darstellte, desto mehr wurde deutlich, dass der Staatsstreich nicht mehr der politischen Erneuerung, sondern nur noch der Beendigung des Krieges dienen konnte. Er hatte zudem das Ziel, der Welt ein Zeichen zu geben, dass es Widerstand gegen den Nationalsozialismus gegeben hatte. Eine Regierung Goerdeler/Beck, die nach der Beseitigung Hitlers amtieren sollte, hätte nicht viel mehr tun können, als einen Waffenstillstand ohne Bedingungen zu schließen.

Schon vor dem 20. Juli 1944, an dem das Attentat auf Hitler stattfand, geriet Goerdeler unter Verdacht der Gestapo und tauchte unter. Nach einer Denunziation wurde er entdeckt und am 12. August 1944 verhaftet. Am 8. September 1944 zum Tode verurteilt, wurde er nach vielen Verhören am 2. Februar 1945 im Gefängnis Berlin-Plötzensee hingerichtet. Sein Schicksal teilten Johannes Popitz und der Großgrundbesitzer Ewald von Kleist-Schmenzin, Eugen Bolz, einst Staatspräsident von Württemberg, Ulrich von Hassell, der frühere Botschafter in Rom, der ehemalige deutsche Botschafter in Moskau Graf von der Schulenburg und viele andere.

Der militärische Widerstand

Die Reichswehr hatte 1933 die Machtübernahme Hitlers mehrheitlich begrüßt. Die Militärs hofften auf die Überwindung der Hemmnisse des Versailler Vertrags, auf Wiedereinführung der Wehrpflicht und bessere Karrierechancen durch die Vergrößerung der Streitkräfte. Viele begrüßten die Beseitigung der parlamentarischen Demokratie und standen der angekündigten autoritären Staatsordnung überwiegend erwartungsvoll gegenüber. Die Militärs hatten nichts dagegen, dass die Hitlerregierung die politische Linke ausschaltete, politische Gegner verfolgte und mit der NSDAP ein Einparteien-Regime errichtete. Die Reichswehr unterstützte die Mordaktion des 30. Juni 1934 („Röhmputsch"), bei der die Spitze der SA liquidiert wurde, weil damit eine gefährliche und zugleich verachtete Konkurrenz ausgeschaltet wurde. Im August 1934 gab es auch keine Einwände seitens der militärischen Führung dagegen, dass Hitler nach dem Tod des Reichspräsidenten von Hindenburg die Ämter des Reichskanzlers und des Staatsoberhaupts vereinigte und damit auch Oberbefehlshaber der Streitkräfte wurde. Reichswehrminister von Blomberg, den Nationalsozialisten blind ergeben, führte sogar eine neue Eidesformel ein, mit der die Soldaten Hitler persönlich Treue gelobten.

Empörung über die Morde des 30. Juni 1934, denen auch zwei ehemalige Generale (unter ihnen Kurt von Schleicher, Hitlers Vorgänger als Reichskanzler) zum Opfer fielen, war Sache weniger Offiziere. Zu ihnen gehörte der damalige Major Hans Oster von der Abwehrabteilung des Reichswehrministeriums. Er und einige Gleichgesinnte

Bildarchiv Preußischer Kulturbesitz

Admiral Wilhelm Canaris, 1942

missbilligten die Zerstörung des Rechtsstaates und verabscheuten die Methoden des NS-Regimes, dessen Antisemitismus und Kirchenfeindschaft.

Aber Opposition im Militär regte sich erst um die Jahreswende 1937/38, als manche Offiziere die Gefahren der aggressiven Außenpolitik Hitlers zu erkennen begannen. Zu ihnen gehörte auch der Oberbefehlshaber des Heeres, Generaloberst Werner Freiherr von Fritsch, der Hitlers Annexionsabsichten gegen die Tschechoslowakei und Österreich kritisch gegenüberstand. Eine Intrige, die von der SS angezettelt war, um ihn und andere konservative Generale loszuwerden, drängte ihn Anfang 1938 aus dem Amt. Diese Intrige, die auch Kriegsminister von Blomberg zu Fall brachte, machte es Hitler möglich, die Spitze der militärischen Organisation so umzubauen, dass er nicht nur formell, sondern auch tatsächlich Oberbefehlshaber der Wehrmacht wurde. Die Armee war nunmehr praktisch gleichgeschaltet und nicht mehr in der Lage, Einfluss auf den politischen Entscheidungsprozess zu nehmen.

Hitler hatte im November 1937 den Offizieren an der Spitze der Wehrmacht mitgeteilt, dass er Österreich und die Tschechoslowakei annektieren wolle, als erste Etappen zur Erweiterung des deutschen „Lebensraumes" durch Krieg. Der Chef des Generalstabs des Heeres, Generaloberst Ludwig Beck, versuchte, sich dieser Entwicklung entgegenzustemmen. Nach der Annexion Österreichs im März 1938 hoffte Beck, erst mit Denkschriften den Gang der Dinge zu beeinflussen und suchte dann vergeblich, die Generale zur Gehorsamsverweigerung zu bewegen. Im August 1938 trat er zurück.

Ähnlich wie Beck dachten andere hochrangige Offiziere, etwa der Leiter der

Bildarchiv Preußischer Kulturbesitz

Franz Halder, Generaloberst, 1940

militärischen Abwehr, Admiral Wilhelm Canaris, und dessen Stabschef Oster sowie Becks Nachfolger Franz Halder. Auch der Kommandierende General des III. Armeekorps, Erwin von Witzleben, gehörte zu den Militärs, die Überlegungen anstellten, wie man Hitler an der Fortsetzung seiner aggressiven Politik hindern könnte. Zwei Strömungen standen bei den zum Staatsstreich bereiten Offizieren einander gegenüber. Die eine, vertreten durch die Männer der Abwehr, zielte dahin, Hitler festzunehmen und zu töten; die andere beabsichtigte lediglich, den „Führer" zu zwingen, seine Kriegspläne aufzugeben. Zu letzteren gehörten der Generalstabschef des Heeres Halder und der Oberbefehlshaber Walther von Brauchitsch.

Das verschobene Attentat

Als Hitler im September 1938 die Tschechoslowakei durch Kriegsandrohung zur Abtretung des Sudetengebietes zu zwingen suchte, war der Kreis um Oberstleutnant Hans Oster zu einer gewaltsamen Aktion gegen die Reichskanzlei entschlossen. Hitler sollte getötet werden, um den Frieden zu retten. Absicht der oppositionellen Offiziere um Beck und den Goerdeler-Kreis war es hingegen, unmittelbar nach der Kriegserklärung, mit der Hitler die Zerstörung der Tschechoslowakei beginnen würde, ihn durch einen Staatsstreich zu stürzen. Diese Absicht war auch in London bekannt. Goerdeler hatte über einen Mittelsmann das Foreign Office ins Bild gesetzt. Der Gutsbesitzer Ewald von Kleist-Schmenzin war im August 1938 auf Wunsch Osters und mit Bil-

Deutsches Historisches Museum

General Hans Oster

63

SV-Bilderdienst

Henning von Tresckow, Generalstabsoffizier, 1944

ligung Becks nach London gereist, wo er die Pläne sogar Winston Churchill vortragen konnte. Mit dem „Münchener Abkommen", das mit britischer und französischer Billigung zustande kam, in dem am 29./30. September 1938 Prag der Annexion der Sudetengebiete durch das Deutsche Reich zustimmen musste, entfielen die Voraussetzungen für den geplanten Putsch.

Die Militäropposition resignierte für längere Zeit und blieb auch nach dem Überfall auf Polen am 1. September 1939 passiv. Skeptisch beurteilten die Führer der Wehrmacht den Ausgang des Krieges gegen Frankreich und Großbritannien, weil die Wehrmacht noch nicht hinlänglich gerüstet und ausgebildet sei. Die Missachtung der Neutralität Belgiens, Hollands und Luxemburgs missbilligten viele. Die Nachrichten von dem deutschen Schreckensregiment in Polen taten ein übriges, um das Offizierskorps an der Westfront gegen Hitler einzunehmen. Alle Vorbereitungen zu einem Staatsstreich wurden jedoch Anfang November 1939 von General Halder abgebrochen, weil er glaubte, Hitler sei über diese Aktivitäten informiert. Oster, einem der engagiertesten Regimegegner, blieb nichts anderes übrig als der Versuch, Holland, Dänemark und Norwegen vor dem deutschen Überfall zu warnen.

Mit dem „Blitzkrieg" gegen Frankreich und der Besetzung großer Teile Westeuropas 1940 wuchs das Ansehen Hitlers noch einmal. Die Begeisterung erfasste Soldaten und Zivilisten in gleicher Weise. Zustimmung fand auch noch der Angriff auf die Sowjetunion im Juni 1941, sie hielt mindestens bis zur Niederlage in Stalingrad Anfang 1943 an. Die Mehrheit der Deutschen ließ sich von Hitlers Erfolgen blenden und glaubte allzu lange daran, für eine gute Sache, für ein größeres und besseres Deutschland und gegen den Bolschewismus zu kämpfen. Viele hohe Militärs sahen, wie von Goebbels propagiert, den Überfall auf die Sowjetunion als berechtigten und notwendigen „Kreuzzug" gegen den Bolschewismus.

Die Männer der Militäropposition hielten Distanz zum NS-Regime. Ludwig Beck stand schon vor seinem Rücktritt in Kontakt mit Goerdeler. Offiziere wie die Generale Halder, von Witzleben oder Georg Thomas hatten ebenfalls Verbindung zum zivilen Widerstandskreis um den ehemaligen Leipziger Oberbürgermeister aufgenommen. Die engagiertesten Hitlergegner im militärischen Bereich waren aber die Männer im „Amt Ausland/Abwehr" des Oberkommandos der Wehrmacht (OKW) unter Admiral Canaris. Bis April 1943 war die Dienststelle ein Zentrum des Widerstandes mit engen Kontakten zum Kreisauer Kreis. Versuche, im Ausland für einen Frieden zu wirken (u. a. durch Kontakte zum Vatikan) und die Westoffensive im Frühjahr zum Scheitern zu bringen, blieben erfolglos. 1943 wurde nach der Verhaftung einiger Mitarbeiter (Dohnanyi, Bonhoeffer) und der Kaltstellung Osters das „Amt Abwehr" als Ort des Widerstandes lahmgelegt. Im Februar 1944 wurde auch Canaris abgelöst, etwas später unter Hausarrest gestellt, dann ins KZ Flossenbürg eingeliefert und im April 1945 hingerichtet.

In drei wichtigen militärischen Dienststellen entstanden ab Ende 1941 oppositionelle Gruppen, die auch Verbindung untereinander aufnahmen: Im „Allgemeinen Heeresamt beim Befehlshaber des Ersatzheeres", geleitet von General Friedrich Olbricht, beim Militärbefehlshaber in Frankreich (General Carl-Heinrich von Stülpnagel) und an der Ostfront in der Heeresgruppe Mitte, dessen Erster Generalstabsoffizier Henning von Tresckow Mittelpunkt einer Gruppe von Regimegegnern war. Die Gräuel der deutschen Besatzungspolitik im Osten und der 1941 beginnende Massenmord an den Juden durch die Einsatzgruppen der SS und in den Vernichtungslagern blieben den Soldaten der Wehrmacht nicht verborgen. Offiziere, die Rechtsempfinden und Moral über soldatisch-militärische Pflichterfüllung stellten, waren in der Minderheit; aber es gab sie, wie Claus Schenk Graf von Stauffenberg, der nach schwerer Verwundung in Afrika 1944

Chef des Stabes beim Oberbefehlshaber des Ersatzheeres in Berlin wurde. Graf Stauffenberg drängte seit Frühjahr 1942 auf einen Staatsstreich, um Hitler auszuschalten und die Verbrechen des Regimes zu beenden.

Die Suche nach einem populären Frontgeneral, der sich an die Spitze der Erhebung stellen würde, war mühsam und letztlich erfolglos. Unterdessen scheiterten aber auch auf geradezu groteske Weise alle Attentatsversuche gegen Hitler. Nachdem schon etliche Pläne fehlgeschlagen waren, sollte Hitler bei einem Besuch der Heeresgruppe Mitte in Smolensk erschossen werden. Aus Rücksicht auf unbeteiligte Offiziere unterblieb der Anschlag jedoch; Oberst Tresckow ließ dann im Flugzeug Hitlers eine Bombe verstecken, die ihn auf dem Rückflug in die Luft sprengen sollte. Aber der Zünder versagte.

Im März 1944 schmuggelte der Abwehroffizier Oberst Rudolf-Christoph von Gersdorff eine Bombe ins Berliner Zeughaus, wo Hitler erbeutetes Kriegsmaterial besichtigen wollte, aber – wie beim Attentat Georg Elsers 1939 – verließ Hitler die Ausstellung unerwartet früh. Zwei junge Offiziere, Axel von dem Bussche und Ewald von Kleist, wollten Anfang 1944 anlässlich der Vorführung neuer Uniformen Hitler beseitigen. Da er nicht erschien, scheiterte auch dieser Plan. Auch die Absicht des Rittmeisters Breitenbuch, als Ordonnanzoffizier des Generalfeldmarschalls Busch Zugang zu Hitler zu finden und ihn bei einer Besprechung am 11. März 1944 zu erschießen, schlug fehl, weil die SS-Wachen den Ordonnanzen den Zutritt verweigerten.

Im Sommer 1944 war die militärische Lage längst aussichtslos. In der Normandie waren die Alliierten gelandet, die Ostfront war in der Mitte zusammengebrochen, die deutsche Niederlage war nur noch eine Frage der Zeit. Die oppositionellen Offiziere standen vor der Frage, ob ein gewaltsamer Umsturz noch politischen Sinn habe, da absehbar war, dass die Geschicke der Deutschen nach Kriegsende ausschließlich von den Siegern bestimmt würden.

„Unternehmen Walküre" — Der 20. Juli 1944

Oberst von Stauffenberg war entschlossen, das Attentat auf Hitler unter allen Umständen zu begehen, um wenigstens ein moralisches Zeichen zu setzen. Dazu war er auch von seinen Freunden und Mitverschwörern ausdrücklich ermuntert worden. Der Umsturz war längst vorbereitet. Der Entwurf einer Regierungserklärung, die von Ludwig Beck als provisorischem Staatsoberhaupt und Carl Goerdeler als Kanzler unterzeichnet werden sollte, war bereits ausgearbeitet. Sie sollte gleich nach dem gewaltsamen Sturz des Hitler-Regimes veröffentlicht werden. Um das Land unter Kontrolle zu bekommen, entwarfen General Friedrich Olbricht mit Stauffenberg und dessen Freund Albrecht Ritter Mertz von Quirnheim den Operationsplan „Walküre". Er basierte auf einem bereits vorhandenen Plan zur Niederwerfung eines etwaigen Aufstandes ausländischer Zwangsarbeiter. Ein Netz aus vertrauenswürdigen Offizieren in den wichtigen militärischen Schaltstellen wurde geknüpft.

Als am 20. Juli 1944 gegen 12.42 Uhr die Bombe im ostpreußischen Hauptquartier „Wolfsschanze" in Hitlers Lagebaracke explodierte, schien der Widerstand am Ziel. Fünf der vierundzwanzig Anwesenden wurden getötet. Hitler aber wurde nur leicht verletzt. Stauffenberg, der die Detonation beobachtet hatte, war vom Erfolg des Attentats überzeugt und flog nach Berlin zurück. Dort hatten die Mitverschwörer in den Diensträumen des Oberkommandos des Heeres (OKH) in der Bendlerstraße stundenlang gewartet, ehe sie den Alarm nach dem Plan „Walküre" auslösten, um die Wehrkreise zu verständigen. Verhängnisvoll war es, dass die Nachrichtenverbindungen zur „Wolfsschanze" nicht unterbrochen wurden. Generaloberst Fromm, der Befehlshaber des Ersatzheeres und damit Ranghöchster in Berlin, war nicht zu bewegen, sich auf die Seite des Widerstandes zu stellen. Die Verschwörer verhafteten ihn. An seine Stelle trat Generaloberst Hoepner, den Hitler 1942 entlassen hatte. Das Zögern der Wehrkreisbefehlshaber, sich den Verschwörern anzuschließen, und die schnelle Rund-

Claus Graf Schenk von Stauffenberg (links) mit Albrecht Ritter Merz von Quirnheim, 1942

SV-Bilderdienst

SS besetzt den Bendlerblock in Berlin nach dem gescheiterten Putsch, 21. Juli 1944

funkmeldung von Hitlers Überleben ließen den Staatsstreich scheitern. In Prag, Paris und Wien waren die Gesinnungsgenossen der Verschwörer erfolgreicher — allerdings nur für kurze Zeit. Sie waren Herren der Lage und setzten SS-Führer fest. In Berlin brach der Widerstand — Zentrum waren die Diensträume des Oberkommandos des Heeres (OKH) im Bendlerblock — noch am Abend des 20. Juli zusammen. Kurz vor Mitternacht verhaftete Generaloberst Fromm, den hitlertreue Offiziere inzwischen wieder befreit hatten, die Spitzen des Widerstandes. Den Generälen Beck und Hoepner gab er die Möglichkeit zum Freitod. Hoepner lehnte dies ab. Er wurde am 8. August vom Volksgerichtshof zum Tod verurteilt und hingerichtet. General Olbricht, der die „Operation Walküre" ausgelöst hatte, Stauffenberg, dessen Freund Mertz von Quirnheim und Stauffenbergs Adjutant von Haeften wurden nach Mitternacht des 20. Juli im Hof des OKH-Gebäudes erschossen. Auf Generaloberst Friedrich Fromm, der als Befehlshaber des Ersatzheeres die Schlüsselstelle in Berlin innehatte, wartete kein besseres Schicksal. Die Verschwörer hatten ihn

Erich Hoeppner als Angeklagter vor dem Volksgerichtshof in Berlin, 1944

am Nachmittag des 20. Juli verhaftet , weil er sich für Hitler und gegen den Widerstand entschied; er wiederum, als sich das Blatt gewendet hatte, ließ die Verschwörer hinrichten. Auf Hitlers Befehl wurde er am nachfolgenden Tag festgenommen und im März 1945 „wegen Feigheit" zum Tod verurteilt und hingerichtet.

Hitler nahm schreckliche Rache an den Männern des Widerstands und ihren Familien. Im Reichssicherheitshauptamt, der Befehlszentrale der Gestapo, wurde eine „Sonderkommission 20. Juli" gebildet, in der bald 400 Beamte arbeiteten. In der „Aktion Gewitter" wurden Verdächtige gesucht und festgesetzt. Hitler hatte öffentlich die Losung ausgegeben, es handle sich bei den Verschwörern um eine „ganz kleine Clique ehrgeiziger Offiziere", aber die Ermittlungen machten deutlich, auf welche Größe der Widerstand im Militär, in bürgerlichen Gruppen, in der Arbeiterschaft angewachsen war. Der Diktator befahl die Diffamierung und Demütigung der Widerstandleistenden. Ehrengerichte stießen die Offiziere aus der Wehrmacht aus, damit „diese gemeinsten Kreaturen, die jeweils den Soldatenrock" trugen, „dieses Gesindel" (Originalton Hitler) als Zivilisten verurteilt werden konnten. Sie sollten nicht „die ehrliche Kugel bekommen". Hitler wollte, „daß sie gehenkt werden, aufgehenkt wie Schlachtvieh". Er besprach persönlich die Prozedur mit den Richtern und Henkern, ließ die Hinrichtung von Kameramännern der Wochenschau filmen, um sie sich abends anzusehen.

Die Gestapo verhaftete in den folgenden Tagen Tausende von Regimegegnern. Anfang August begannen die Prozesse vor dem „Volksgerichtshof". Sie dauerten bis zum Zusammenbruch des NS-Regimes im Mai 1945. Die Justiz tat ihre Schuldigkeit, vom Präsidenten des Volksgerichtshofs Roland Freisler, der vor den gedemütigten Angeklagten tobte und schrie, bis zur Staatsanwaltschaft, die Angehörigen der zum Tod verurteilten Widerstandskämpfer die Kostenrechnung für die Bemühungen der Justiz übersandte. Sie enthielten in einem typischen Fall folgende Posten: Gebühr für Todesstrafe (300 RM), Postgebühr (1,84 RM), Kosten für Pflichtverteidiger (81,60 RM), 27 Tage Strafhaft (44,00 RM), Vollstreckung (158,18 RM), Porto für Übersendung der Kostenrechnung (0,12 RM).

Die genaue Zahl der Verurteilten ist nicht bekannt, Hunderte wurden Opfer der Rache Hitlers, sie sind auf grausame Weise hingerichtet worden. Viele ihrer Angehörigen, die nichts mit dem Umsturzversuch zu tun hatten, wurden in „Sippenhaft" genommen und kamen ins Gefängnis oder ins Konzentrationslager.

Literatur

Klaus Achmann, Hartmut Bühl, 20. Juli 1944. Lebensbilder aus dem militärischen Widerstand, dritte Auflage, Hamburg 1999.

Felicitas von Aretin, Die Enkel des 20. Juli 1944, Leipzig 2005.

Ulrich Baumann, Magnus Koch, Denkmal für die ermordeten Juden Europas (Hrsg.), „Was damals Recht war ..." Soldaten und Zivilisten vor Gerichten der Wehrmacht, Berlin 2008.

Wolfgang Benz (Hrsg.), Selbstbehauptung und Opposition. Kirche als Ort des Widerstandes gegen staatliche Diktatur, Berlin 2003.

Wolfang Benz, Der deutsche Widerstand gegen Hitler, München 2014.

Günter Brakelmann, Der Kreisauer Kreis. Chronologie, Kurzbiographien und Texte aus dem Widerstand, Münster 2003.

Günter Brakelmann, Helmut James von Moltke 1907-1945, München 2009.

Georg Denzler, Widerstand ist nicht das richtige Wort. Katholische Priester, Bischöfe und Theologen im Dritten Reich, Zürich 2003.

Georg Denzler/Volker Fabricius, Christen und Nationalsozialisten. Darstellung und Dokumente, Frankfurt am Main 1993.

Joachim Fest, Staatsstreich. Der lange Weg zum 20. Juli, Berlin 1994.

Kurt Finker, Der 20. Juli 1944 und die DDR-Geschichtswissenschaft, Berlin 1990.

Detlef Garbe, Zwischen Widerstand und Martyrium. Die Zeugen Jehovas im „Dritten Reich", München 1993.

Hermann Graml (Hrsg.), Widerstand im Dritten Reich. Probleme, Ereignisse, Gestalten, zweite Auflage, Frankfurt am Main 1994.

Alexander Groß, Gehorsame Kirche – ungehorsame Christen im Nationalsozialismus. Mit einem Nachwort von Heinrich Missalla, Mainz 2000.

Theodore S. Hamerow, Die Attentäter. Der 20. Juli – von der Kollaboration zum Widerstand, München 1999.

Anton Hoch/Lothar Gruchmann/Georg Elser: Der Attentäter aus dem Volke. Der Anschlag auf Hitler im Bürgerbräu 1939, Frankfurt am Main 1980.

Peter Hoffmann, Widerstand gegen Hitler und das Attentat vom 20. Juli 1944, vierte Auflage, Konstanz 1994.

Peter Hoffmann, Stauffenberg und der 20. Juli 1944, München 1998.

Peter Hoffmann, Widerstand – Staatsstreich – Attentat. Der Kampf der Opposition gegen Hitler, zweite Auflage, München 1985.

Lexikon des deutschen Widerstandes, hrsg. von Wolfgang Benz und Walter H. Pehle, Frankfurt am Main 1994.

Lexikon des Widerstandes 1933–1945, hrsg. von Peter Steinbach und Johannes Tuchel, München 1994.

Richard Löwenthal/Patrik von zur Mühlen (Hrsg.), Widerstand und Verweigerung in Deutschland 1933 bis 1945, Bonn/Berlin 1982.

Klaus-Michael Mallmann/Gerhard Paul, Resistenz oder loyale Widerwilligkeit? Anmerkungen zu einem umstrittenen Begriff, in: Zeitschrift für Geschichtswissenschaft 41 (1993), 99–116.

Winfried Meyer (Hrsg.), Verschwörer im KZ. Hans von Dohnanyi und die Häftlinge des 20. Juli 1944 im KZ Sachsenhausen, Berlin 1999.

Hans Mommsen, Alternative zu Hitler. Studien zur Geschichte des deutschen Widerstandes, München 2000.

Gerhard Paul/Klaus-Michael Mallmann, Milieus und Widerstand. Eine Verhaltensgeschichte der Gesellschaft im Nationalsozialismus, Bonn 1995.

Detlev Peukert, Die Edelweiß-Piraten. Protestbewegung jugendlicher Arbeiter im Dritten Reich, Köln 1988.

Michael Schneider, Unterm Hakenkreuz. Arbeiter und Arbeiterbewegung 1933 bis 1939, Bonn 1999.

Solidarität und Widerstand. Dachauer Hefte 7 (1991).

Peter Steinbach/Johannes Tuchel, Georg Elser, Berlin 2008.

Steinbach, Peter, Widerstand im Widerstreit. Der Widerstand gegen den Nationalsozialismus in der Erinnerung der Deutschen, Paderborn 1994.

Gerda Szepansky, Frauen leisten Widerstand: 1933–1945. Lebensgeschichten nach Interviews und Dokumenten, Frankfurt am Main 1983.

Johannes Tuchel (Hrsg.), Der vergessene Widerstand. Zur Realgeschichte und Wahrnehmung des Kampfes gegen die NS-Diktatur, Göttingen 2005.

Gerd R. Ueberschär, Stauffenberg und das Attentat vom 20. Juli 1944, Frankfurt am Main 2004.

Gerd R. Ueberschär (Hrsg.), Der 20. Juli. Das „andere Deutschland" in der Vergangenheitspolitik, Berlin 1998.

Widerstand in Deutschland 1933–1945. Ein historisches Lesebuch, hrsg. von Peter Steinbach und Johannes Tuchel, München 1994.